"山西八大文化品牌"丛书

编 委 会

编委会主任　胡苏平　　丛书主编　卢　昆

"山西八大文化品牌"丛书

晋商家园

宋丽莉　著

山西出版传媒集团　　山西人民出版社

序

山西省委常委、宣传部长　胡苏平

"山西八大文化品牌"丛书就要同大家见面了。这套丛书是应广大读者的愿望，在《山西八大文化品牌》基础上改版而成的，旨在让读者更方便地阅读、研究和使用，进而更好地发挥其作用。

党的十八大以来，党中央高度重视弘扬中华优秀传统文化。习近平总书记深刻指出，没有中华文化繁荣兴盛，就没有中华民族伟大复兴。要求系统梳理传统文化资源，让收藏在禁宫里的文物、陈列在广阔大地上的遗产、书写在古籍里的文字都活起来。山西省委、省政府和各级宣传文化部门，以高度的文化自觉和文化自信，深入挖掘研究、宣传推介以"三个一"（即一座都城——襄汾约4500年前的陶寺遗址，一堆圣火——芮城约180万年前的西侯度文化遗址，一缕曙光——垣曲约4500万年前的"世纪曙猿"化石）和"三个文化"（即源远流长的法治文化，博大精深的廉政文化，光耀千秋的红色文化）为代表的优秀传统文化，推出了一批有价值、有影响的成果。在已有成果的基础上，编辑出版"山西八大文化品牌"丛书就是其中一项重要的工作。

山西历史悠久，人文荟萃，是华夏文明的重要发祥地。在五千年的历史变迁中，山西积淀生成了非常丰厚的文化资源。这些资源，是哺育和激励一代又一代山西人奋力前行的宝贵财富。如何挖掘、梳理这些宝贵财富，提炼出有代表性、有影响力的文化符号，并逐渐塑造成文化品牌，是我们在推动文化旅游产业发展和文化强省建设中，迫切需要解决的重大课题。"山西八大文化品牌"丛书在这方面进行了富有价值的思考和探索，做出了积极的贡献。全书从山西文化的特色和亮点切入，重点对华夏之根、黄河之魂、晋商家园、关公故里、佛教圣地、古建瑰宝、边塞风情和抗战文化等八大文化品牌，进行了比较系统的研究，并着眼于山西全面建成小康社会决胜阶段改革发展和文化建设的实际，提出了将这些资源优势转化为发展优势的有益建议。可以说，这套丛书为读者深层次地了解、认识山西文化打开了一条便捷的通道，也为发掘展示、传承弘扬山西优秀传统文化，树立山西的良好形象，提供了翔实的资料。总体来看，这套丛书推介的八大文化品牌，都具有比较鲜明的特色：一是独特性。它们体现了独具特色的文化内涵，有的甚至在人类文明的发展进程中是独领风骚、不可或缺的，其文化品格不同凡响、不可替代；二是地域性。这些文化形态是在三晋这块古老的土地上形成、发展、光大的，具有鲜明的地域文化色彩；三是丰富性。其表现形态，既体现在文化遗产存留的物质载体中，更体现在形式多样的非物质文化遗产中；既具有品质卓绝的物质遗存，更具有非常生动的精神文化内涵；不仅是对人类文明发展进程的历史性呈现与记录，同时也对当今时代具有非常重要的现实意义。

文化建设，功在当代，利在千秋。传承弘扬优秀传统文化，任重而道远。衷心希望社会各界有识之士，加入到山西优秀传统文化的发掘、研究中来，推出更多有深度、有分量的成果，为山西文化、中华文化的繁荣兴盛作贡献。

目　录

品牌亮点

山西省政区交通图

比例尺:1:3 200 000

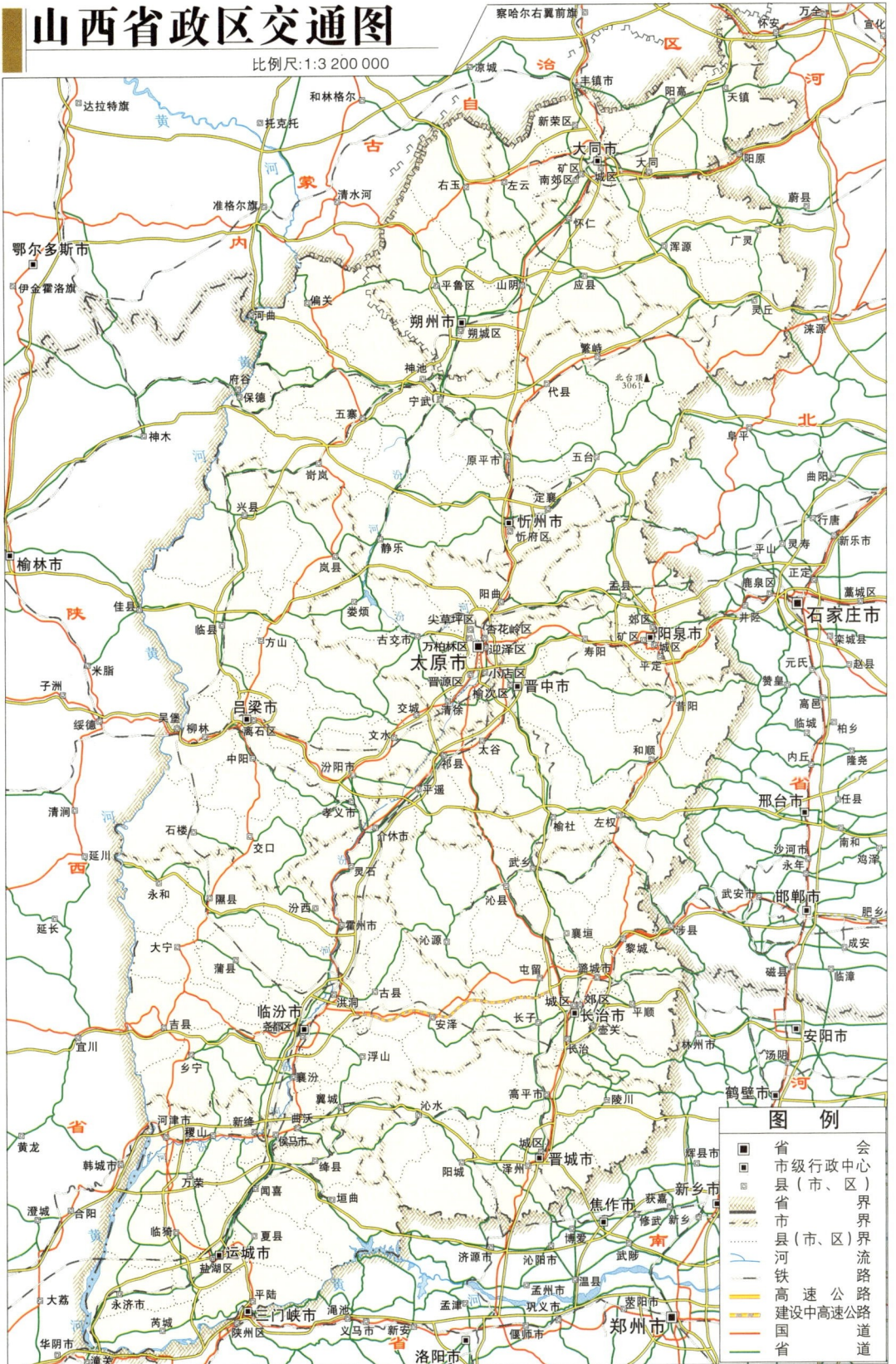

图　例

■	省　　会
▣	市级行政中心
□	县（市、区）
	省　　界
	市　　界
	县（市、区）界
	河　　流
	铁　　路
	高 速 公 路
	建设中高速公路
	国　　道
	省　　道

内　蒙　古　自　治　区

河　　北　　省

陕　　西　　省

河　　南　　省

黄河

北台顶 3061▲

察哈尔右翼前旗　万全　宣化　怀安　丰镇市　阳高　天镇　新荣区　大同市　矿区　南郊区　城区　大同　阳原　蔚县　广灵　灵丘　涞源

达拉特旗　和林格尔　托克托　凉城　右玉　左云　怀仁　浑源

鄂尔多斯市　伊金霍洛旗　准格尔旗　清水河　偏关　平鲁区　朔州市　朔城区　山阴　应县　繁峙　代县　五台　阜平　曲阳　行唐　新乐市

神木　河曲　府谷　保德　五寨　神池　宁武　原平市　定襄　忻州市　忻府区　平山　灵寿　正定　石家庄市　栾城县　赵县

榆林市　佳县　兴县　岢岚　岚县　静乐　阳曲　孟县　郊区　阳泉市　矿区　城区　盂县　井陉　鹿泉　元氏　藁城区　赵县　高邑　临城　柏乡　内丘

陕　　西　　省　　子洲　临县　方山　古交市　尖草坪区　杏花岭区　万柏林区　迎泽区　小店区　晋源区　寿阳　平定　昔阳　隆尧

米脂　绥德　吴堡　柳林　离石区　中阳　文水　太原市　晋中市　榆次区　清徐　交城　太谷　和顺　邢台市　任县

子洲　延川　石楼　交口　汾阳市　祁县　平遥　介休市　灵石　武乡　沁县　榆社　左权　武安　邯郸市　肥乡　成安

清涧　永和　隰县　汾西　霍州市　沁源　襄垣　黎城　涉县　磁县　临漳

延长　大宁　蒲县　古县　屯留　潞城市　城区　郊区　长治市　平顺　林州市　安阳市　汤阴　鹤壁市

宜川　吉县　临汾市　尧都区　洪洞　安泽　长子　长治　壶关　陵川　获嘉　新乡市

乡宁　浮山　襄汾　翼城　沁水　高平市　晋城市　城区　泽州　阳城　陵川　焦作市　修武　新乡　博爱

河津市　稷山　新绛　侯马市　曲沃　绛县　垣曲　济源市　沁阳市　武陟　温县

黄龙　韩城市　万荣　临猗　夏县　闻喜　盐湖区　运城市　孟州市　巩义市　郑州市

澄城　合阳　永济市　芮城　平陆　三门峡市　渑池　义马　新安　孟津　偃师市　洛阳市

大荔　华阴市　潼关　陕州区

山西省地形图

比例尺:1:3 200 000

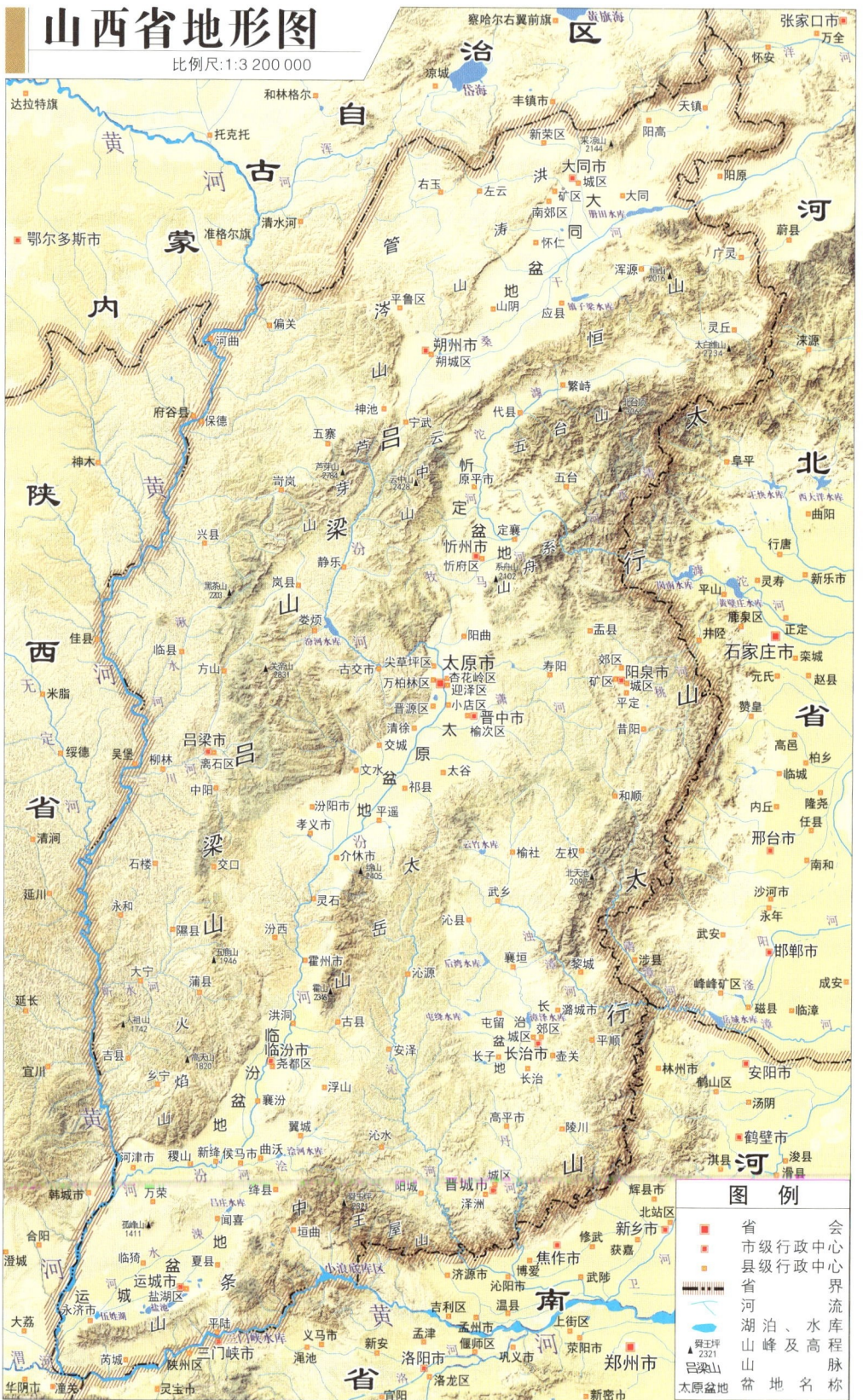

内蒙古自治区　河北省　陕西省　河南省

黄河　吕梁山　太行山　恒山　五台山　太岳山　中条山　王屋山　火焰山　太原盆地　忻定盆地　大同盆地　临汾盆地　运城盆地

太原市　大同市　朔州市　忻州市　吕梁市　晋中市　阳泉市　长治市　晋城市　临汾市　运城市　石家庄市　邯郸市　安阳市　鹤壁市　新乡市　焦作市　济源市　郑州市　洛阳市　三门峡市　鄂尔多斯市　张家口市

图　例

- 省　　　　会
- 市级行政中心
- 县级行政中心
- 省　　　　界
- 河　　　　流
- 湖泊、水库
- ▲ 山峰及高程
- 山　　　　脉
- 太原盆地　盆　地　名　称

　　山西是晋商家园。晋商是中国最早的商人，其历史远溯到春秋战国时期，明清之际达到顶级辉煌。明代以来，晋商曾称雄商界500年，驰名中外，富可敌国。他们胸怀万里，心思缜密，以汇通天下之果敢与敢为天下先之创新，辟商道于三朝，开财路于百世，布商誉于万邦，铸就中华商业文明的近世典范，为后人留下丰富的晋商文化和深刻的晋商精神。

"晋商家园" 文化遗存分布

比例尺:1:3 200 000

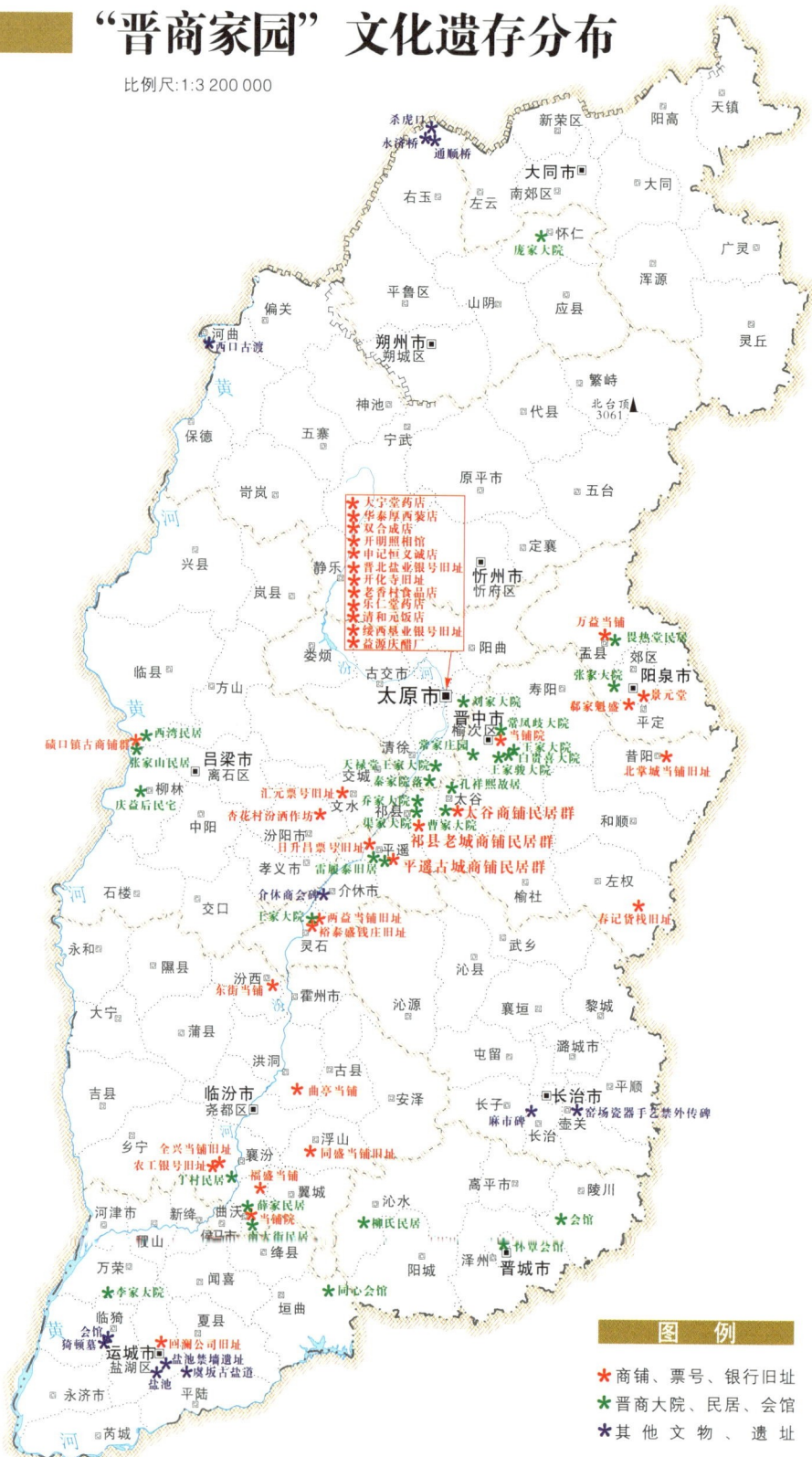

杀虎口
永济桥　通顺桥

新荣区　阳高　天镇

大同市

右玉　左云　南郊区　大同　广灵

浑源

怀仁
庞家大院

平鲁区　山阴　应县

偏关

朔州市

朔城区

河曲　西口古渡

保德

五寨　宁武

神池　代县

北台顶
3061

原平市　五台

灵丘

繁峙

定襄

岢岚　岚县

兴县

静乐

太宁堂药店
华泰厚西装店
双合成店
开明照相馆
中记恒义诚店
晋北盐业银行旧址
开化寺旧址
老香村食品店
乐仁堂药店
清和元饭店
绥西盐业银行旧址
益源庆醋厂

忻州市
忻府区

阳曲

万益当铺
挹热堂民居

孟县　郊区　阳泉市

张家大院

都家魁盛　景元堂

临县　方山

古交市

太原市

晋中市

榆次

平定

昔阳

西湾民居
碛口镇古商铺群
张家山民居

吕梁市

离石区

柳林
庆益后民宅

交城　泰家巷落

中阳

汇元票号旧址　文水
杏花村汾酒作坊
日升昌票号旧址

汾阳市

渠家大院　曹家大院

祁县

常风岐大院
郑家庄园　当铺院
王家大院
天槐堂王家大院　白贵喜大院
王家骏大院
乔家大院
孔祥熙故居
太谷　太谷商铺民居群
祁县老城商铺民居群

寿阳

北掌城当铺旧址

和顺

左权

榆社

春记贷栈旧址

孝义市　雷履泰旧居　平遥　平遥古城商铺民居群

介休商会碑

石楼

交口

王家大院

西益当铺旧址
裕泰盛钱庄旧址

灵石

介休市

武乡

沁县

黎城

永和

隰县

东街当铺

汾西县

霍州市

沁源

襄垣

潞城市

大宁

蒲县

洪洞

古县

安泽

长子

屯留

长治市

吉县

临汾市

尧都区

曲亭当铺

浮山

麻市碑

平顺

长治　壶关

窑场瓷器手工禁外传碑

陵川

乡宁

全兴当铺旧址
农工银行旧址
丁村民居

襄汾

同盛当铺旧址

福盛当铺
薛家民居

翼城

沁水

柳氏民居

高平市

会馆

河津　新绛

曲沃

当铺院
南街旧居

侯马市

绛县

阳城

怀覃公馆

泽州

晋城市

稷山

同心会馆

万荣

闻喜

垣曲

李家大院

临猗

会馆
猗顿墓

运城市

回澜公司旧址
盐池禁墙遗址
废墟古盐渍

盐湖区

夏县

盐池

永济市

平陆

芮城

图 例

★ 商铺、票号、银行旧址

★ 晋商大院、民居、会馆

★ 其他文物、遗址

明清作为我国古代商品经济发展的高峰，最引人注目之处莫过于商帮的崛起。晋商以自己卓越的贡献谱写了中国商业的奇迹。

晋商是中国十大商帮之首

在国内的十大商帮中，晋商以崛起最早、实力最强、经营最好、兴盛最久而位列榜首，成为国商的楷模、晋人的骄傲。

从洪武初年即 14 世纪中叶以开中制而兴，至民国始衰，晋商保持了长达 500 年的商业繁荣。据《明史·食货志》载，洪武三年（1370）山西行省率先向政府建议："大同粮储，自山东长芦陵县运至山西马邑太和岭，路途险远，运费高昂。请令商人于大同边仓交米一石，太原仓交米一石三斗，给淮盐小引票一张。商人鬻毕，即以原给引目赴所在官司缴之。如此则转运费省而边储充。"明太祖允纳旨行全国。山西就极临边地和境内河东盐池之便，晋南之蒲州、平阳，晋东南之泽州、潞安，晋北之大同、忻代商人捷足先登，率先开中，输粮换引，成为国内最早崛起的盐粮商人。

在晋商抓住开中制契机兴起之后，安徽商帮、陕西商帮、山东商帮、洞庭商帮、龙游商帮、江西商帮、宁波商帮、广东商帮、福建商帮等九大商帮相继崛兴。安徽商帮，亦称徽商，是明清时期几与晋商等列而观的大商帮。徽商崛起的契机是明弘治五年（1492）叶淇变法，由于中盐方式从开中制改为折色制，给靠近两淮盐场的徽商提供了政策便利。但到清道光十二年（1832）"纲盐制"改为"票盐制"后，徽商最具竞争优势、实力最雄厚的行业由之转衰，徽商势力因此不振。晋商的近邻——陕西商帮，与晋商同享开中政策与地利之便，兴起几乎同步。在国内贸易中，陕商常与晋商结盟，不仅在国内许多通都大邑共同修建山陕会馆，也常被时人视为同体，统称"西商"。但从经营实力看，陕商相去较远，影响力较弱。山东商帮，也称鲁商，是明清又一大商业集团，在南转北运中，以长途贩卖和坐地经营而富，以末致富以本守之的传统商业定势使其错

常家庄园

过了壮大机遇。"钻天洞庭遍地徽"，洞庭商帮从明万历年间初步形成后，货殖八方四路，尤其是鸦片战争以后，洞庭商帮办实业、银行业、钱庄业，在金融实体和实业经营上大放光芒。浙江衢州府所属龙游、常山县、西安（今衢县）、开化和江山五县，以龙游商人为代表崛起于晋徽商帮争雄时，明嘉靖万历年间时已相当活跃；其经商积累资金后，转而投资典当、借贷，其后又转向手工业、矿业生产，将商业资本转化为产业资本。江西商帮，也称赣商、江右商帮，以小本经营、借贷起家，在瓷器行业具有突出优势，其他经营较之晋徽商帮相去甚远。宁波商帮，亦称宁帮，虽形成较晚，但鸦片战争以来后来居上，将商业、实业、金融业紧密结合起来，成为近代中国之著名商帮。广东商帮，亦称粤商、广帮，以广州帮和潮州帮为主，明正德（1506—1521）以后因海上走私贸易而兴，长期以海外贸易为主，在东南亚一带影响甚广，至今仍绵延不绝。福建商帮，也称闽商，在与政府的朝贡体系和"片船不得下海"的海禁政策对抗中起步，明隆庆年间解除海禁后趁势而起，逐渐变成外贸商人，在南洋贸易中拓展出新的天地，成为重要的海外贸易商帮。

明清时期的国内市场南船北马、货流如织、往来不息，国际贸易也日趋繁荣。当时国际贸易主要有两个途径：海路和陆路。陆路国际贸易通道则首推晋商开拓的万里茶路，其贸易主要是对俄的边境贸易，以恰克图和库伦为最。雍正五年（1727）《中俄恰克图条约》签订后，恰克图开辟互市。晋商因久有对蒙贸易的优势，最早入驻买卖城，从初期商号寥寥到几十年后商号云集，成为当地最大的商帮。恰克图贸易最盛时，有晋商茶叶商号100余家，牢牢控制

曹家三多堂

着当地茶叶市场。当时中国内地卖给俄商的茶叶每年约 15 万箱，计 900 多万斤。仅嘉庆五年（1800）到道光二十三年（1843）不到半个世纪中，恰克图茶叶销售额就从 280 万卢布激增至 1240 万卢布，增长近 5 倍。恰克图晋商中，经营时间最长、规模最大的是榆次常家，其四大商号实力均在前十之列，是名副其实的外贸世家。其次是太谷曹家在恰克图的"锦泰恒"、"锦泉涌"二庄，主做茶叶和绸缎出口贸易。在约两个半世纪的对俄贸易中，晋商源源不断地往

乔家大院

俄国乃至欧洲市场输送茶叶。一些俄商购买茶叶后，倒手销往西伯利亚各城镇及欧洲市场，有时竟能赚取高达四五倍的利润。晋商在输出茶叶的同时，还大量输入俄罗斯的皮毛等商品，由此中国成为俄国在亚洲的最大市场。恰克图由此从俄罗斯寒冷荒凉的边境小镇变成繁荣热闹的城市。可以说，茶叶作为晋商的敲门砖，不仅敲开了俄罗斯的边境大门，同时也推动了欧洲茶叶市场的兴旺。

晋商的商业辐射能力之强世所罕见。晋商在商界的长袖善舞，巩固和强化着自身的实力和影响，同时对社会的影响力也不容忽视。500年商业发展，晋商将商业辐射网点扩大到内地各个角落，同时还将触角延伸至国外。明初晋商以"九边"盐粮贸易起家，是边境盐粮贸易的主力军，因紧需商品与地区差价攫得丰厚的商业利润。明中期开中法废，晋商以前期积淀的资本优势改营多业，转战大江南北，经营项目不断增加，上至绸缎，下至葱蒜无所不包；商业规模不断扩大，其创办的不少商号实力强、规模大，甚至能左右当地市场行价；经商区域不断拓展，从明初主做边防对军贸易起家，明中期以后开始广泛涉足内地市场，至明中后期时，晋商成为国内举足轻重的两大商帮之一。时人谢肇所著《五杂俎》称："富室之称雄者，江南则推新安，江北则推山右。新安大贾，藏镪有至数百万者。山右或盐、或丝、或窖粟、或转贩，其富甚于新安，新安奢而山右俭也。"在国内市场遍布的同时，晋商还开拓了海外贸易空间。从明末时零星的对东洋贸易开始，清季山西船帮是国内最大的对日贸易洋铜商；晋商因旅蒙贸易独占鳌头，其后以恰克图为基点还将茶叶等生意拓展至俄国境内的莫斯科、多木斯克、赤塔等地；晋商的合盛元票号在日本、朝鲜都设有分号。

晋商是"现代银行业的乡下老祖父"

世界上最原始的信用中介组织是货币兑换业和银钱业，它们早在公元前 2000 年的古巴比伦寺庙和公元前 500 年的希腊寺庙就已出现，主要办理货币代保管、代收、代付等较为简单、原始的金融业务。到中世纪，西欧各沿海国家的商品经济得到迅速发展，逐步使这些中介机构演化为银行业，成为金融组织体系构成的最基本的

清代山西钱庄票号（一）

比例尺:1:42 000 000

图例

- 总票号
- 分票号
- 钱庄

形式和金融组织体系的主体。世界上最早的银行何时出现，一直众说纷纭。美国《新哥伦比亚百科全书》的"银行业务"条认为，世界上最早的银行是 1171 年建立的意大利威尼斯银行。约 16 世纪末开始，银行由意大利传播到欧洲其他国家，到 18 世纪末至 19 世纪初，银行业得到了普遍发展。

中国古代文献中"银行"一词在北宋嘉祐二年（1057）就已出现，其后不断沿用，但其时的银行特指银号这一行业。作为商品经济繁荣的必然产物，中国的金融业从商品经济中分离出来是 15 世纪明中叶时的事情。而票号则是中国封建社会母体经济中出现的新生事物，代表着那个时代金融发展的高峰。

晋商创建票号开启了国内往来两便的金融新时代。票号产生以前，民间的商业借贷、兑换银钱、信贷等业务主要由钱庄、账局和典当行等承担。晋商是这些行业的主要经营者。明嘉靖初年（1522）产生的钱庄，也称钱行、钱业，以兑换银钱、信贷为主要业务。随着商品经济的发展，钱庄业务大盛。至道光二十年（1840）时仅京城钱铺就有不下千家。咸丰三年（1853）时京城钱铺多为山东、山西铺商所开。雍正年间出现的账局，以商业借贷、汇兑业务为主，集中分布在北京、天津、张家口、太原等商埠，经营者以山西商人为主。如京城的账局，咸丰三年（1853）时山西商人的账局占到 78.35%，到宣统二年（1910）时山西商人的账局在京城仍占到 65.38%。但账局最大的局限在于分支机构太少，多数只有一两个分庄，至清末设三四个分庄的账局仍不到 8%。这远不能满足实际需要。典当是典型的高利贷行业，康熙三年（1664）全国当铺 2 万多家，

日升昌

山西人开办的就有 4695 家。嘉庆、道光以后，徽商、晋商继续将
商业资本大量转入典当行业，故清人李燧在《晋游日记》中记道：
"典当铺江以南皆徽人开办，江以北皆晋人开办。"但这些金融机
构业务仅限本地，银运则靠镖局实现。随着清中后期社会动荡、土
匪横行，镖局运现的安全性大打折扣。一方面是巨大的商业需求和

充足的资本脱节；一方面是现银运送和失镖危机的重重压力，时代在召唤。晋中商人雷履泰在经营颜料庄做掌柜时，洞悉到这种银钱往来不便和民间需求的迫切，于道光三年（1823）在西裕成颜料庄试营异地汇兑，不久中国历史上第一家票号——日升昌票号宣告营业。日升昌和雷履泰因此成为票号之第一家、第一人。日升昌票号之后，祁县、太谷、平遥三县晋商跟风而进，纷纷涉足票号业。

晋商票号最盛时，全国51家大票号中，山西票号有43家，占到84.3%。其中晋中票商就多达41家，且大部分实力雄厚，每家分号少则几家，多则100余家，分号遍及全国重要城镇。票号业务鼎盛时，利润丰厚，尤其是一些大票号每到账期分红时每股利润能达到近17000两以上，从而成就了一大批晋中富商。到清末1906年合盛元票号在日本神户设立分庄，接着又将分号开到横滨、大阪和朝鲜的仁川，开启了晋商在海外设庄的新纪元。与早期的金融机构相比，票号以经营异地汇兑起家，存放款也是其主营业务，票号采取了股份制的形式，除银股外，身股以人力入股参与分红，经营上采取经理负责制的形式，总经理即大掌柜全权负责，财东概不干预。可以说，票号的业务范围与经营方式，与现代银行业务相近，代表着明清金融业发展之高峰，是现代银行业的雏形、有"现代银行业的乡下老祖父"之称。可以说，凭票号这一新生行业，晋商以执金融之牛耳的绝对优势成为金融界之骄子，在清代赢得了"汇通天下"的美誉和"中国华尔街"的金融地位。

清代山西钱庄票号（二）

比例尺:1:3 600 000

天镇

阳高

新荣区

大同府
大同市　4

右玉　左云　南郊区　大同

怀仁　浑源　广灵

平鲁区　山阴　应县　灵丘

偏关　朔州　朔州市

河曲　神池　繁峙

保德　五寨　宁武　代州

五台

岢岚州　岢岚　原平市　崞县

兴县　岚县　静乐　定襄

临县　方山　古交市　太原府
太原市　忻州
忻州市　5

阳曲　盂县　郊区
阳泉市

吕梁市　交城　太原　2 10　寿阳　平定州
平定

柳林　中阳　文水　清源　清徐　2　榆次
晋中市　昔阳

交口　汾阳
汾阳市　3　祁县　太谷　7 16　和顺

石楼　孝义　1　平遥　22 3　榆社　左权

永和　隰县　介休
介休市　武乡　沁县

大宁　蒲县　汾西　灵石　沁源　襄垣　黎城

吉县　古县　赵城　安泽　屯留　潞城
潞城市　平顺

乡宁　洪洞　浮山　长子　潞安府
长治市　壶关

襄陵　沁水　长治

河津　稷山　绛州
新绛　曲沃　4　翼城　高平
晋城市　陵川

临猗　侯马市　垣曲　泽州府
晋城市

蒲州　万荣　闻喜　安邑　3　夏县
解州　4　运城
运城市

永济市　芮城　平陆

图 例

1	总票号及数量
6	分票号及数量
◎	钱　　庄
◎	清代地名
◎	现地名

日升昌

晋商是城乡文化发展的推动者

晋商促进了城市发展。城市为商业发展提供了舞台和空间，商业是推动城市繁荣兴盛的主要因素。明清是古代城镇发展的一个高

祁县票号

渠家戏台

峰期，不仅一些大城市在商业的推动下逐步兴盛，规模有增，而且
一些穷乡僻壤也逐步因商业而兴。如山西境内大同，从明初的九边
重镇之首逐步成为"繁华富庶，不下江南"的大城市。元代山西池
盐产地潞村因商而兴，从村落逐步演变成"商民辐辏，烟火万家"
的"晋省都会"。山西票号兴起后，平遥、祁县、太谷作为山西票号总号集中所在地，从一般城镇一跃而成国内著名的金融中心城镇，繁华富庶，俨然大邑。内蒙古境内不少城市兴起则是以晋商为主的旅蒙商直接推动的结果。如归化城（今呼和浩特），晋商明末清初始来归化时，此地还是一边陲小镇。随着旅蒙贸易兴盛，至乾隆年间归化成为蒙古地区"居民稠密、商贾云集"的第一大商业城镇。色楞格河中俄分界处的恰克图，清初还是荒野一片，自开辟互市后，"商业茂盛，人口三千"，并以茶叶贸易为大宗，间接卖至欧洲市场。从当地流传的"先有复盛公，后有包头城"、"先有晋益老，后有西宁城"，以及东北流传的"先有山西曹氏商号，后有朝阳县"等一系列说法不难看出，晋商在这些城镇的开发中功不可没。

晋商推动了文化传播。一是兴教育人。在学校教育上，晋商创

王家大院石雕

乔家大院木雕

乔家大院砖雕

办的私塾及晋人一系列学者，对推动家族甚至当地文化发展起到重要作用。山西儒商第一大家——常家在咸丰、同治、光绪年间开办私塾17所，创山西家族办学最多的纪录。其中光绪二十九年（1903）创办的笃初小学堂是山西兴办最早的农村新学堂；光绪三十二年（1906）创办的私立中学兼高初二等学堂，是山西最早兴办的12所中学之一；光绪三十年（1904）开办的"知耻女学堂"是山西最早的女子学堂之一。二是商路即戏路。晋商在戏剧传播上作用突出。

乔家大院砖雕

乔家大院砖雕

晋商在背井离乡的过程中，对乡音、乡事颇为留心。戏曲是当时老少皆宜、贫富俱喜的主要娱乐方式。大型活动或祭祀都少不了请唱几台戏。在晋商会馆如社旗山陕会馆，对不用公秤的甚至有罚戏三台的处罚。清乾隆以后，梆子戏在山西商人的支持下，戏曲班子不仅常到商人家里演戏，而且还经常被重金请至晋商聚集的外埠商号、会馆演出。有的商业大家族好戏者还亲自置办全套戏班演出家什，培养起私家戏班。可以说晋商走到哪儿，戏班就唱到哪儿，故有"商路即戏路"之说。在晋商的支持下，山西梆子戏不仅经常到各地演出，而且有的还与当地戏种结合，产生了新戏种，如山东的枣梆、河北的"西调"等。三是传承艺术。晋商长于古董收藏、鉴定，在京师古董行颇有名声。晋商在各通都大邑所建会馆，不少取材故土，精美的砖、石、木三雕无不透露出浓浓的山西地域审美情趣，幸运保留下来的更是承载丰富时代信息的建筑精品。晋商大院更是艺术与审美的精品杰作。

晋商改变了社会传统。明中期以前，封建的自给自足的社会，百姓安土重迁，"民多力农，士尚气节"是普遍的社会风貌。随着商人阶层崛起，商品经济发展，山西民风自明中叶起有了显著变化。对晋商来说，商业不仅是取利的工具，也是实现创家立业、光宗耀祖抱负的方向。封建社会的等级秩序是"士农工商"。"学而优则仕"是社会主流的追求目标。"儒为名高，贾为厚利"。十年寒窗一举成名者毕竟寥寥，宦海浮沉祸福难料却是事实。名利不可兼得时，从商逐渐成为退而求其次的生活选择。随着越来越多的宗族、乡邻走上商途，经商逐渐演变成一种地方风气。"学而优而商"不仅成为一种地域价值取向，更成为一种新的时代价值取向。

清代柳林县《杨氏家谱》记载："天地生人，有一人莫不有一人之业；人生在世，有一日当尽一日之勤。业不可废，道唯一勤。功不妄练，贵专本业。本业者，所身所托之业也。假如侧身士林，则学为本业；寄迹田畴，则农为本业；置身曲艺，则工为本业；他如市尘贸易，鱼盐负贩，与挑担生理些小买卖，皆为商贾，则商贾即其本业。此其为业，虽云不一，然无不可资以养生，资以送死，资以嫁女娶妻。无论士为、农为、工为、商为，努力自强，无少偷安，则人力定可胜矣！安在今日贫族，且不为将来富矣！"清代时，山西崇商之风日重。晋商对子弟的教育，不为仕进，而为经商，教

王家大院木雕

育以经商的基本知识如《算学宝鉴》等为主。雍正二年（1724），山西巡抚刘於义在论及山西风俗时曾在一封奏折中写道："山右积习，重利之念甚于重名。子孙后续者，多入贸易一途，其次宁为胥吏，至中材以下方使之读书应试，以故士风卑靡。"雍正皇帝的朱批是："山右大约商贾居首，其次者犹肯力农，再次者谋入营伍，最下者方令读书。朕所悉知，习俗殊可笑。"但在晋商的观念中，实用远胜空名。晋中一带的民谣中有："家中有个票号郎，胜过七品空堂皇。"更有甚者，著名的晋商渠家，当家人渠源桢因不满其子渠本翘逐功名，竟然父子反目，将渠本翘逐出家门。当时流传在晋中一带的民谣还有"有儿开商店，强如作知县"、"买卖兴隆把钱赚，给个县官也不换"、"我娃娃蛋，我娃娃亲，我娃娃长大了走关东。深蓝布、佛头青、虾米海菜吃不清"等。牵车服贾、贸易远行者越来越多。商游起家后，有的占籍他乡，娶妻生子。如19世纪60年代时，活跃在漠北喀尔喀蒙古地区以晋商为主的旅蒙商达到20余万，定居的大小商号约500余家[1]。经商加剧了社会流动，改变着人们"安土重迁"的传统意识，对自给自足的传统经济也是一种潜移默化的颠覆。

19世纪末20世纪初，在列强挤压和国内巨变的形势下，面对剧烈的社会转型局面，在内陆文明向海洋文明的变迁初期，晋商群体的犹疑迟钝直接掐灭了其前途微光。但不可否认晋商"诚信为本，纵横欧亚九千里；以义制利，称雄商场五百年"，他们以"凌绝顶"

---

[1] 转引自张正明：《晋商兴衰史》，291页，山西古籍出版社，2001。

的眼光和魄力，敢为人先，吃别人吃不了的苦，做别人不去做的生意，创别人没去想的行业，从而将商业影响力发挥到极致。晋商在行业商端和高端行业上占据的优势，使其达到货通天下、汇通天下的时代影响力。故著名维新人士梁启超赞其曰："鄙人在海外十余年，对于外人批评吾国商业能力，常无辞以对，独至此有历史、有基础，能继续发达之山西商业，鄙人常夸于世界人之前。"

回顾明清晋商辉煌，检视晋商商海搏击，每一次商途跋涉、每一回商机扭转、每一单生意挥就，晋商在商路漫漫500年中，创造的不仅是物质财富，而且也是中国商业文化的一笔宝贵精神财富；晋商不仅给山西人留下了一座精神富矿，更是挖掘明清商业文化的样本。2004年8月，中央政治局常委李长春在视察山西时，将晋商精神概括总结为："节俭勤奋，明礼诚信、精于管理、勇于开拓。"从文化品牌的角度分析，晋商家园的内涵主要有以下五个方面。

节俭勤奋

山西地处山区，山地丘陵占总面积的80%，除传统农业种植区晋南和晋东南、晋西北的部分地区外，大部分地区土地贫瘠。明朝中期以前，山西人口密度远高于周边。为减少区域人口比例失衡，截至明永乐十五年（1417），明政府有18次从人多地狭的山西往外移民的记载。从山西地形看，东西狭，南北长，群山环抱，通往京师的交通大动脉主要是从晋南经运城、临汾至太原而后至京，以及从晋东南经晋城、长治经太原而后至京两条。人多地少，产出有限，交通环境相对不便，加重了山西人靠天吃饭的艰难。由此山西各地普遍有节俭惜财、不尚奢华的习惯和传统。

明朝中后期，随着商品经济的发展，在商业文明的冲击下，社会风俗"异于以往"，观念逐步从崇"俭"转向慕"奢"。明代有位叫李乐的人曾经说，在明朝晚期，只要有人以俭朴自持，过一种俭朴的生活，就会立刻遭到人们的"轻视与鄙夷"，如果还能"行

曹家三多堂对联

杀虎口

善戒恶"简直等同异类。就在这样的社会现实中，不少晋商仍坚持曹家三多堂对联着"崇德尚仁"、"从俭戒奢"的操守与品性。如明代曲沃商人李明性经商西北、积累资金成为富商后，仍坚守吃苦耐劳、仁而有义的本色。在经商往返过程中，仍然不带一个随身仆人。偶尔带的话，他也会给出高额的酬劳。这与晋商群体地薄出少、起家寒微有关。

从晋商的发家史看，他们大部分起于寒微。为凑足经商本钱，有的不惜举家筹资，有的甚至靠变卖妻子的首饰筹措。由于本小资薄，他们迫不得已从肩挑负贩艰难起步。如清代北方最大的旅蒙商号——大盛魁，创始人是清朝康熙年间山西太谷县武家堡村的王相卿和祁县祁城村的张杰、史大学。康熙三十五年（1696）时三个生活无着的穷汉从货郎做起，跟着康熙征剿噶尔丹的大军一路从杀虎口进入外蒙古乌里雅苏台（前营）、科布多（后营）做随军生意。艰难困苦，玉汝于成。靠肩挑随军生意，大盛魁创始人才赢得了宝贵的起步资金。走南闯北中，路途中的凶险危机，经商中的尔虞我诈，他们真是吃苦中苦，尝难中难。他们深知创业不易，致富后仍不忘节俭。

明礼诚信

礼在中国古代是社会的典章制度和道德规范。作为典章制度，它是社会政治制度的体现，是维护上层建筑以及与之相适应的人与人交往中的礼节仪式。作为道德规范，它是国民一切行为的标准和要求。明礼就是遵守典章制度和道德规范，诚信就是诚实守信。

在注重伦理的中国古代社会，诚信义利不仅社会精英关注，"求财重利"的商人们也刻意追求。晋商的精神支柱是儒家伦理讲求的"明礼"、"诚信"，其生活、经营均凭以义制利、利以义取来取信社会，道德自律是其经营、交往的基本原则。对待顾客，晋商以诚信为本，商品、服务保质保量，宁赔生意不亏顾客。在"君子喻于义，小人喻于利"的儒家学说影响下，"君子爱财，取之有道"是商人们认同的道德准则。基于传统儒家思想潜移默化的教化以及精神上对关公的敬仰，山西商人靠肩挑背贩，走上了从商之路。晋商从多年的实战中总结出了"售货五诀窍，信誉第一条"的经验，货真价实，买卖公平，出售物品不缺斤短两，不以次充好。他们起家微利，靠诚实、信用打开了异地市场。明代晋商王文显把从商40年的经验总结为："善贾者，处财货之场，而修高明之行。"

祁县晋省学界欢迎乔锦堂先生合影

乔家大院

明代蒲州商人王现也说："夫商与士，异术而同心。故善商者，处财货之场，而修高洁之行，是故虽利而不污；善士者，引先王之经，绝货利之行，是故必名而有成。故利以义制，名以清修，各守其业，天之鉴也。如此，则子孙必昌，身安而家肥也。"王现对号内伙计缺斤短两的行为进行教育时说："少一两缺德，少二两破财，少三两折寿"。及至清代，不少累世经商的山西商号不仅积聚了巨大的财富，同时拥有信誉卓著的显赫声名。如《乔家大院》剧中主人翁乔致庸坚持以"首重信，次讲义，第三才是利"作为经商准则。乔家在包头开设有复盛公商号，因其经营时不图非分之利，不缺斤短两，在当地信誉卓著，人们都愿意购买"复"字号货物。再如太谷广誉远药店以生产"龟龄集"、"定坤丹"名扬海外。其长盛不衰的一个内在原因，就是配药时精购原料：人参一定用高丽参或老山参，鹿茸一定要用黄毛茸、青茸。品质有保证，药效自然可靠。正是在经营中严把质量关，晋商才凭借"诚信"赢得了顾客的青睐，近悦远来。

晋商财力最盛、影响最大的是票商。山西票号最盛时，几乎垄断了当时全国的金融市场，由此成为一大商业奇迹。山西票商以"所输汇兑，不论款额大小，路途远近，均能按期兑付，很少拖延"，

日升昌

得到了"信用最著"的评价。即使票号处于艰危之际，其珍视信誉、诚信待客的原则依然不变。如庚子事变，八国联军进入京城前夕，在京票号纷纷撤资回籍。混乱中，有的票号甚至将账簿丢失。平遥的蔚丰厚票号伙友在携带巨万现银撤退时，于彰仪门遭劫，携款尽失。但在回撤之前，蔚丰厚对各存款户如数兑付了现银。次年，蔚丰厚重新回京设庄，因其危乱之际仍行大义，故而身价倍增，深受各界推重。郭嵩焘曾由衷赞誉说："中国商贾夙称山陕，山陕人之智术不能望江浙，其推算不能及江西湖广，而世守商贾之业，惟其心朴而信实也。"近代维新人士梁启超也有"晋商笃守信用"的评价。这说明，"诚信"已经成为当时晋商的一大特征。当然，并不是所有的山西商人均能做到"诚信经商，先义后利"，间或也有一些奸猾之商。但不可否认的是，商道酬信，奸猾只能获一时之利，很难获一世之功。但凡成功之商，都是坚守"诚招天下客，义纳八方财"、"经营信为本，买卖礼当先"，从而在观念上塑造了晋商群体"童叟无欺，诚信为本"的经营形象。

　　对待合作伙伴——相与，晋商鼎力互助。明清时期，随着各地商帮相继雄起，为了在竞争中能够获得优势，保持垄断，晋商奉行同乡互助、同舟共济的经商原则，许多商号还自愿结成"相与"关系，互帮互助。晋商选择合作伙伴十分慎重，一旦确定，不轻易拆台挤兑，即便对方中途因市场变化暂时亏损，一般也不轻易催逼欠债，不诉诸官司，而是从中汲取教训，共渡难关。如榆次常氏天亨玉商号掌柜王盛林在财东将要破产时，曾向盟友大盛魁商号借银三四万两，又让财东把天亨玉的资本全部抽走，另换字号名为天亨永，照常靠借贷营业，未发生倒账。1929年大盛魁商号发生危机时，王盛林认为本号受过大盛魁帮助，不能过河拆桥，于是不顾别人的反对，毅然设法从经济和业务上支持大盛魁，帮其渡过难关。乔家对待相与十分厚道。咸丰年间，李姓和白姓两家欠了复盛公的银子还不起，乔家并不相逼，他们要拿地契顶债，复盛公也就认了。广义恒绒毛店欠了复盛西5万元，破产后仅以数千元的房地产抵偿了事。大顺公绒毛店欠复盛公现洋1000元，还了一把斧头、一个箩筐也算了事。二宝庆欠复盛西白银8000两，一分未还，也算了事。

值得注意的是，晋商各地商号之间往来频繁的资金周转、调拨业务，有的尚有契约可循，有的则全凭不成文的规矩运作。而后者，基本上是靠道德习惯约束下的"商业信用"来维系。各商家之间的货款结算与归还，主要遵循标期还款的原则。标期是各商家代表共同商定后，依次通知。凡往来商户，均需在标期以前结账，近者函兑，远者电汇，商号方面并不派人催讨。如果到了期、顶了标，即被认为无信用，各商号便不与之来往。古老的金融机构——钱庄也是这样。山西钱庄放款主要是信用放款，即放款全凭借者信用，无须实物抵押。这与当时国外银行的做法大相径庭，银行放款主要是抵押放款。据时人计算，当时山西182家钱庄放款总额为12902651元，其中信用放款占96%，抵押放款仅占4%。在无成法可依、少法律制裁的商业环境中，这种信用放款，实际上是靠着商人的人格信用来承载商业正常运转轮轴的。

诚信经营为晋商赢得利润的同时，也使其蒙受过一定损失，尤其是清代后期更为严重。如山西票商李宏龄在总结票号盛衰时就认为票号"成败得失，皆系乎人"。一句话，透露出的是"人治"社会下，庞大的商业基本上是建立在道德"诚信"的根基之上，对失信的惩戒很少或基本不诉诸法律。但不可否认，明清伦理社会氛围中这种无形的非正式制度约束是强大的，对其成功发挥过相当大的作用。晋商将"讲求诚信、先义后利"的精神理念贯穿始终，从某

乔家大院对联（以德为先）

种程度上说，明礼诚信已经成为明清晋商的金字招牌，并内化为其
经商的精神之魂。

日升昌

精于管理

"十分干抵不上三分算"。家有家法，铺有铺法。商场经营，行同货同利不同，诀窍即在管理。晋商在经营上秉承不依规矩、不成方圆的理念，制定了严格的管理方法和制度。

在商业经营管理中，任人唯亲是一大弊病。明代晋商因开中制兴起时，大多是凭个人能力在商海闯荡获得成功。"打虎亲兄弟，上阵父子兵"，扩大经营时，他们一般会依靠家庭至亲，进而扩展到整个家族。在商号创办之初，家族兄弟确实可以起到众志成城、共渡难关的作用，但创业之后的发展，却需要懂经营、会管理的人才。许多商业家族从兴旺到衰败多是"因亲毁业"，在财产争夺中，祸起萧墙、兄弟反目、父子成仇的事件层出不穷。家族内部争权夺利愈演愈烈的结果便是商号在内耗中被拖垮。明代中后期，随着全国经商风气浓厚，各地商帮崛起，为了能够在商场竞争中形成优势或垄断，晋商的目光从亲缘扩大到地缘，"避亲用乡"成为明中后期晋商的主要管理办法。"同事贵同乡"。在晋商看来，任用他人不能超过自己的控制之外。他们认为选择同乡是最可行的办法。因为同村或邻村的许多人，东家不仅认识，甚至可能对他的祖宗三代都了如指掌，当然可以放心聘用。即便是邻县或者城里，在异乡时且不说同乡三分情，单就约束上也容易得多。在盘根错节的宗亲网中，要了解一个人的品行、家境也并不很难。由于知根知底，财东们可以放心把事务交托给总经理和伙计。如果哪个人坑害商号利益、吃里爬外或卷款私逃，那就得父债子还，夫债妻还。跑得了和尚跑不了庙，最终坑的只能是家人。晋商对付开除出号的伙友还有一个不成文的规矩，就是如果因惹是生非或不努力工作等问题被商号开除的话，别的商号不能再用。背负着如此沉重的压力，这些同乡伙计怎能置身事外？除了忠于职守别无他途。正因为有着乡情的软约束，加上失业的硬限制，晋商可以放心大胆地任用乡人。从管理层到杂役皆由"乡亲"担负。著名的晋商老字号北京"六必居"的创业者坚持在商号经营上"不用三爷"——舅爷、姑爷、少爷。"六必居"的前店柜台人绝大多数不是临汾人就是襄汾人。对有着同乡之谊的伙计们则坚持"任人唯贤"、因事设人，使店铺在走上正轨的基础上节节光大。著名的旅蒙商号——大盛魁、元盛魁、天义德三号，每号平均有从业人员 4000～6000 人，除雇佣少数当地人充当牧羊工、牧马工、骆驼工及向导外，学徒、伙友、司厨、下夜都是山西人。清代平遥的主要票号中经理、伙计，以同籍人为主，少有外县人，更没有山西以外的人。以太谷协成乾票号为例，据光绪三十二年（1906）的《协成乾人名折》可知，除有 7 个人籍贯不明外，其余 106 人，以太谷为主，占 58% 以上，其余也多是祁县、文水、交城、阳曲、太原、清源、徐沟、榆次等附近县区人。在晋商浓厚的乡土观念支配下，晋商把更多的同宗、同乡人都吸引到一艘商船中，在宗亲、乡亲的纽带维系下，促使所有成员全力以赴，形成一个向心力极强的经商组织。

晋商在管理制度方面既有传承，也有创新，不少管理经验和办法至今仍然适用。如晋商的资本运营制度，主要有独资制、合伙制、

祁县大德恒票号

股份制等形式。在自然经济状态下，商人选择的资本形式首先是独资制，随着商品经济的发展，市场的扩大，逐步出现了合伙制，合伙制的重要形式——伙计制曾经是明清晋商的重要资本组织形式。如经理负责制。经理全权负责是山西票号经营管理的最大特色和成功奥妙之一。按照这一制度，东家和掌柜精诚合作，掌柜除了在年终静候经理的经营状况报告外，经营业务概不干预，票号的日常经营方略、人事安排、内外交涉等皆由经理全权负责。这是中国职业经理人进入商业领域的最早实践。如晋商创立了债权、债务的集中统一结算制度——标期制。由实力雄厚、业务鼎盛的大商号、票号主持议定结算日期，届时各业务商号会恪守"标期"，尽快结清债权债务。如果失信顶标，各商号主动与之绝交，迫使其在商界难以立足。严格的自律精神和自觉的惩罚措施，在契约法律相对薄弱的明清时期，晋商动辄巨万的生意往来很大程度能够运转下来，靠的就是这种内生的约束性制度。此外，晋商管理上还有诸如总分号管理制度、学徒制，经营上还有财会制度、密押制度等。其严密的组织、周全的制度、完善的管理、以人为本的经营特色、信誉至上的经营理念，使晋商赢得了成功，也给后人留下了重要的启示和继续探索的空间。

勇于开拓

"天下熙熙皆为利来，天下攘攘皆为利往"。利益是商场不竭的动力。不少晋商白手起家，肩挑负贩小本经营。为取微利，他们别妻舍子、餐风饮露、冒险跋涉。在"努力自强，无少偷安"的精神鞭策中，在创家立业、光宗耀祖的前景激励下，他们不满小富，父业子继。在商海鏖战中，晋商群体从起于毫微到足迹遍天下，甚至延伸到欧洲、日本、东南亚和阿拉伯国家，从肩挑负贩到执全国金融界之牛耳，创下500年商业奇迹。

在务实理念的支配下，在崇商观念的支撑下，晋商不畏艰辛，走蒙疆，下南洋，渡东瀛。其间除了要运筹帷幄直面商场竞争，还要身历走南闯北的舟车劳顿和盗贼四出的凶途险路。如走西口必经的重要关口杀虎口，民谣称："杀虎口，杀虎口，没有钱财难过口，

清代晋商商路图

比例尺:1:42 000 000

图　例
总票号
分票号
陆路商路
水陆商路

不是丢钱财，就是刀砍头，过了虎口还心抖。"但旅蒙晋商却一拨接一拨，一茬接一茬。尤其是 17—18 世纪以恰克图为核心的世界主要的大陆贸易商道——万里茶路，是中国古代历史上除丝绸之路外的第二条国际大通道。晋商不仅是开辟、贯通这条通道的首创者，也是中俄市场上的最活跃分子，是这条商路上的垄断者和重要维系者。晋商在俄商的居间贸易下，长期垄断操控着对欧茶叶贸易，对促进国际商业贸易中的白银流入起到了间接的推动作用，因而是中国对外贸易的重要一分子和国际市场上的佼佼者。同时，在万里茶路的开拓过程中，为减少中间环节，获取更大利润，咸丰、同治、光绪时期许多山西茶商直接在湖南、湖北包买茶山，雇佣茶农生产，并根据市场实际需要加工成便于运输的砖茶。这种集产、供、运、销一条龙及农、工、贸一体化的"产业链"运作，是晋商投资商业、区别于传统经营的最重要转变。

晋商在制度创新上颇有建树。从当时各商帮发展情况看，晋商是以宗族起家，但又不拘囿于宗族血亲的商业集团。他们在商业经营上"不用三爷"、避亲用乡，将选择人才放到重要位置，选择范围扩大到同乡身上；在商业组织形式上，从单打独斗到同乡联盟，创造了"有无相资、劳逸共济"的朋合营利形式、"合伙而商"的伙计制，并在此基础上又扩展到以地域为纽带、以会馆为媒介的商帮制；在商业管理形式上，一些大财东在同属商号之间创设有联号制，在商号内部实现了有正本、副本之分和银股、身股之别的股份制。在商号内部管理上，经理负责制造就了晋商一批职业经理人；严格的学徒制成就晋商后继有人的商业发展；人身顶股制激励着受聘员工不断开拓进取。

晋商的开拓进取，胜在审时度势，与时俱进。从明初开中而兴，晋商集盐粮贸易于一身，活跃在西北边场和销盐地区；明中期叶淇变法（1492年）后，随着开中制的解体，晋商及时改变经营战略和方向，转而经营多种商品，从边商而为内商；入清后，专务东北市场的部分晋商以张家口、杀虎口为基地，大举进入极具潜力的蒙疆，在清俄贸易开始后，捷足先登开展对俄贸易，成为炙手可热的外贸商人；道光以后，晋商敏锐地抓住机遇，首创票号，将商业资本与金融资本结合，成为国内商业和金融界举足轻重的力量，执中国金融界之牛耳。在与晋商齐名的徽商道光、咸丰年间始衰落时，晋商凭借与时俱进、开拓进取的锐气再登事业顶峰，创造了商帮首富的辉煌。

家国情怀

晋商决战商场，承载着强烈的乡土情怀和兴邦意识。

信仰是人类精神文明的重要特征，自文明初始，便是人类社会法律之外不可或缺的道德软约束的重要内容。明清商帮为凝聚群体力量，还树立了与本乡本土有密切关系的职业信仰之神。如徽商奉朱熹，江西商帮崇奉许逊。晋商则独尊关公，不仅在店铺悬挂关公画像，而且在各地山西会馆中显要位置供奉关公。尽管关公只是三国时期蜀国的重要战将，既不经商，又非豪门巨贾，更没有留下范蠡、管仲那样的经商理论或实践经验，但其"信义昭著"、"言必忠信"的精神是讲诚信、守诺言、重信义的典范。晋商奉之为神，供"信义"来团结同乡，凝聚同乡，摒弃见利忘义、背信弃义的商业欺诈行为。

　　在浓厚的宗亲观念中，独在异乡为异客时，晋商积极地以宗族、乡族为依托，不断扩大联系圈。从同乡一域到同行同业，会馆的功

王家大院乐善堂

能也逐步从相互联系的精神纽带演变成相互合作的商业纽带。他们以关公为精神皈依，以众人拾柴的精神，通过讲义气、讲相与、讲帮靠，协调商号间的关系，以同乡同心有效凝聚了商帮的人气，扩大了商帮的异地影响力，增强了商帮的竞争力。

商人和地方社会是一个互动的关系。宗族是封建社会政治结构的"细胞"和"元素"，是地方统治的牢固基础之一。尽管明清时期，山西累世同居共财的家族较少，但家族制度却十分严整。在"生相亲爱，死相哀痛"、"同心协力"、"传家孝友"的宗族生活中，商人对家族、宗族有自然的归属感。经商获利后，报效家族成为一种自然使命。晋商对资助子弟教育、鳏寡孤独的赡养等比较热衷。同时明清商帮在渐成气候后，商人大多成为地方影响举足轻重的社会精英。"贾而好儒，儒而好贾"的内在修养促使很多晋商在获得厚利的同时，往往把报效社会作为一种使命或取得社会认同的手段。从商不忘仁义，致富不忘故里。他们把从商业中赚取的财富源源不断地输回本土，并在力所能及的范围内，主动将泽惠族党、救济贫困视为自己的一项义务，一种责任，是地方经济、文化的自觉支持者。许多商人对修路、补桥、赈济贫困、施舍教化比较热衷，经常把经营所得取出一部分捐于公益事业或"慈善事业"。县志、碑刻资料中有关此类的义行记载尤详。如明代曲沃商人李明性经商致富后，居乡时不恃富而骄，"厚德崇仁"、"乐善恶恶"。他怜贫惜弱，乐善好施。乡邻遇到经济困难时，他常主动给予帮助，唯恐失于照应，由于"富而能仁"，在族里、乡邻中很有威望。

"天下兴亡，匹夫有责。"在晋商身上同样有着兴邦有责的政治意识。光绪三十一年（1905）在没有知会山西巡抚和山西商务局的情况下，英国福公司凭借此前与清政府签订的《山西开矿制铁以及转运各色矿务章程》而获得的山西盂县、平定州、潞安、泽州与平阳府属煤矿以及他处煤、石油各矿的承办权，直接派遣测量工程师萧密德，带领翻译，持游历执照来到阳泉，住在平潭，开始沿正太路两侧勘测矿地，绘制地图。同时提出占山开矿、一律查禁民间新开小窑的无理要求。该举激起了山西各界的极大愤慨，晋人奋起反抗，声势浩大的争矿运动由此而始。以晋中商人渠本翘、临汾商人刘笃敬为代表的晋商积极参与了这一运动。在群众运动的推动下，山西当局与英国福公司进行了谈判，议定山西以 275 万两白银收回平定等地煤铁矿权。渠本翘更是积极奔走，在山西各票号的大力支持下，筹措了第一期赎矿银 150 万两，迫使英福公司交出了采矿权。

商路漫漫 500 年，晋商群体对社会发展的影响已远远超出商业本身，在他们身上闪耀着足以超越封建商业文化藩篱的精神光芒。在家乡，晋商以潜移默化的示范效应和家族血缘关系的影响力辐射带动整个地域竞相走上商途，不仅有效改变了当地社会的经济面貌，促成了山西"富甲一方"之繁茂，而且对中国传统农业社会"士农工王家大院乐善堂商"的等级划定和重农抑商的生产态度无疑是一种巨大的挑战，对"学而优则仕"的价值观念是一种强有力的冲击。随着"走西口"、"闯关东"等人口流动，安土重迁的传统社会风尚逐渐向慕商言利转变。在异地，晋商勇于开拓，将一些人迹罕至的地域拓展成繁华城镇。晋商的背影虽已淡去，晋商的荣光仍在昭引。500年晋商以诚信作底，换来声誉与繁荣，如今平遥商业街、乔家大院、王家大院、三多堂等晋商文化遗产熠熠生辉，为我们展现着丰富多彩的古代商业生活画卷；由晋商创立的经理负责制、人身顶股制等不少商业内容，与现代商业内

乔家大院花园

容的精神契合，为我们留下了深入探索的空间和学习借鉴的样板；晋商先人锐意进取、勤奋敬业、同舟共济、热心公益的精神，不仅是古代商业文化的典范，也是现代商业文化家国情怀的标杆。

晋商源与流

解州盐池，惠泽晋商

解州盐池是明清中国两淮、长芦、解州三大食盐主产地之一，也是海盐、池盐和井盐三种食盐中池盐的主产地。解州盐池，东西长 30 余公里，南北约 5 公里，盐池总面积约为 130 平方公里，由鸭子池、盐池、硝池等几部分组成。解州盐池生产区别于他处的显著特点是水卤在自然风和日光曝晒后即能成盐，有"南风起，盐始

清代河东盐池图

比例尺1:290 000

清代盐池盐业运销图

比例尺:1:3 500 000

图 例

盐池所在地
盐运线路
其他道路
905　盐运里程数(千米)
24　盐运日程数(日)
2.50　当地盐价(分厘)

甘肃　陕西　山西　河南　湖北

黄河　汾河　沁河　渭河　泾河　丹江　汉

交口　武乡　浊漳河　清漳河
灵石 55091.65　沁州(沁县)　襄垣 77013 2.20　黎城 84014 2.2
隰州(隰县) 48081.65　汾西　霍州 45081.60　沁源　屯留　潞城
蒲县 46081.90　赵城 40071.40　岳阳(古县) 42071.60　路安府 700122.0　长治市　平顺
洪洞 37071.35　长子 690122.10　壶关 750132.20
吉州 32051.48　襄陵 29061.30　平阳府(临汾市) 31061.24　安泽　高平 680112.05　陵川 700122.10
乡宁 47081.80　浮山 33061.40　沁水 37061.70　泽州府(晋城市) 590102.0
太平 24041.29　翼城 26041.40　阳城 50091.90　泽州
稷山 16031.20　曲沃 21031.24　绛县 19041.22　垣曲(古城镇) 17031.34　黄河
河津 13541.2　绛州(新绛) 17031.30
韩城 21081.29　黄河 5021.10　万泉　闻喜 10021.10
郃阳 17571.28　临晋 851.07　夏县 11.00　济源　怀庆府(沁阳市)　武陟　获嘉
澄城 22071.32　解州 4010.90　安邑 1510.90　孟津 440131.70　温县 510151.70　修武
铜官(铜川市) 31071.32　蒲州府 46021.40　平陆 1052 1.10　涑池 230 1.40　新安　巩县
耀县(耀县) 41091.40　富平 36091.40　同州(大荔市) 22051.29　虞乡 8011.10　陕州(陕县) 110 41.30　义马市 320101.30　河南府(洛阳) 390121.70　登封 52015 1.70
三原　朝邑 18051.21　丙城 12021.15　宜阳 335111.75　嵩县
高陵 470131.36　华阴 29051.40　灵宝 10041.30　永宁(洛宁) 106121.60　汝州(临汝) 555112.00
淳化　泾阳　渭南　华州 385111.36　潼关厅 28081.24　阌乡 370121.15
乾州(乾县) 730301.47　临潼　蓝田　雒南(洛南) 438111.38　卢氏 28091.83　伊阳(汝阳) 540111.90　郏县 645182.00
醴泉 680281.56　咸阳　西安府 600241.40　宝丰 625182.00　襄城 705192.00
武功　兴平 750311.47　周至(户县) 650261.44　商州 528101.57　栾川　南召 785212.00　鲁山 675192.00　叶县 765212.10
盩厔(周至) 660181.51　孝义厅(柞水)　丹凤　南阳府 1015272.40　裕州(方城) 895242.40
石泉　宁陕厅　镇安 870301.33　山阳 700161.83　商南 620162.00　镇平 1075282.40　唐县(唐河) 1115302.40　泌阳 905242.50
汉阴厅　洵阳(旬阳)　淅川 950302.60　内乡 760212.40　邓州 1135302.40　新野 1135302.40　桐柏 1275352.60
白河　丹江　光化　古城　枣阳
平利　汉　湖北　河北

生"的说法。解州食盐利用很早，据传舜帝的《南风歌》"南风之薰兮，可以解吾民之愠兮；南风之时兮，可以阜吾民之财兮"，已提及食盐。

解州池盐是支撑晋商兴起的重要商品。明初为解北方边境军需之困，政府实行开中制。所谓开中，就是商人运输军用物资到指定边镇后，由政府给予一定数额的盐引，商人凭引支盐，再到指定区域销售获得盐利。解州因产盐，是最早开中的区域之一。因食盐专卖厚利可图，刺激了当地一批握有余资的人投身盐业，从而成为享地利之便的最早盐商。来此经营食盐的无不致富。明中后期开中法废后，改行纲盐法，即将盐商姓名按地域编册为纲，凡纲上有名者，可世代罔替，垄断盐利；无名者则不能涉足此业。这条规定不仅将盐商的权利巩固下来，同时排除了其他地域商人染指此业之可能性，成为绝对意义上的垄断行业。解州盐池成为晋商大展身手的舞台。

晋商因盐而兴，盐城因商成邑。元代时这里还是弹丸小镇，旧称潞村，故解盐常被称作潞盐。出于盐业管理需要，至元太宗八年（1236）时才在潞村建运司，其后筑城，逐渐修建了池神庙、学宫、谯楼和隶役处所。到元至正十六年（1356），那海德俊任盐运使时开始筑城。起初叫凤凰城，后来由于是盐运司所在地，改名为运城。明代随着盐商的活跃和盐业活动的增加，当地盐务愈加繁荣，商业由此兴盛，城镇建设随即展开。明天顺二年（1458）、正德六年（1511）、嘉靖三年（1524）、嘉靖四年（1525）、嘉靖十三年（1534）、嘉靖十五年（1536）多次对运城进行增修，从此以后，运城成为晋南之商务重镇。盐业的扩充发展促使当地农民务商者增多，不务农事。

当时，运盐聚集的以盐务为生者，如畦丁、池脚、散车、缝袋、摇盐及办公员役，两万余人。在盐业的带动下，百业振兴，城内群商所处，诸路所通，百物所聚，商旅辐辏，卖贩云集。据乾隆《解州安邑县运城志》记载："顾商贾聚处，百货骈集，珍瑰罗列，几乎无物不有。""富商大贾，游客山人，骈肩接踵。"昔日的"弹丸之地"至清时已发展成"商民辐辏，烟火万家"，"人集五万"的重要商埠。由于明清时池盐主要运销秦、晋、豫三省十八州县，运城因此成为"三省商民群萃"、"晋省一都会"，在山西已占有相当重要的地位。

如今，拥有五千年历史的运城盐池作为山西省重要的物质遗产和历史文化遗产被开发出来，有"中国死海"之称。

"衣被天下"潞绸风

明清时有"衣被天下"之称的潞绸是山西之潞安府的重要特产。关于潞绸的缘起，有两种说法。一种认为是明初时朱元璋第 21 个儿子沈王就藩潞安后，从南京带来了专业机户 2000 余名，由此开始织造"潞绸"作进贡之用。另一种以北京元庆寿寺海云、可庵两塔中发现的元宪宗年间潞绸随葬品残片，以及元代杂剧《李素兰风月玉壶春》的唱词为根据，认为明以前，至少元末时已有潞绸。

潞绸不仅是明时的重要贡品，也是当时民间极受欢迎的丝织珍品。明初隶属沈王府机户散居于长治、高平、潞州卫三地。工匠当班之余，就织造绸品，并进入市场。潞绸自明代兴盛起来后，在潞安府城内有专门的潞绸产品加工区——绫坊巷，还有一批当地绸商，如"义盛成"号。潞安府丝绸的生产规模和数量最兴盛时，据学者估算，明代江南的官营织机约有 3500 张，民间织机总数有可能达到 8 万张；同期的山西潞安府，在全盛时有 9000 余张，年产量估计在 10 万匹以上。

作为北方名气最大的丝织中心，嘉靖、万历时，潞绸成为全国畅销产品。不少明代市井小说如《金瓶梅》、《醒世恒言》等多次提及潞绸。时人有"西北之机，潞最工"、"潞城机杼斗巧，织作纯丽，衣被天下"及"士庶皆得为衣"之赞。潞绸品质体现在两个方面：一是当地原料不足时，不惜千里取丝，远购质量一流的浙江的湖丝和四川的阆丝。二是潞绸品种丰富，花样经常翻新。当时潞绸分大潞绸与小潞绸，颜色多达十余种。

潞绸之衰自明万历年间开始，至清顺治六年（1649）姜瓖兵乱后呈不断衰落之势。与此同时，南方丝织业不断强盛，潞绸之衰成为定势。

2005 年夏，从长治市英雄南路西旁的一处明代民居——"张家花园"中发掘出两块被层层包裹的丝绸，经文物和桑蚕学会的专家鉴定是潞绸产品实物。原产地高平的丝织业至今由山西吉利尔丝绸股份有限公司继承下来，从 2001 年通过 ISO9001 质量体系标准认证后，该公司旗下的"佶利迩"真丝系列产品又于 2004 年荣获中国首批"高档丝绸标志"认证，公司生产的一等品率始终都保持在 99.8% 以上，产品出口美国、澳大利亚及欧洲等地，获得了业界及市场的充分认可。

万里荫城，日进斗金

山西有句民谚："万里荫城，日进斗金。" 这个荫城即指长治县城南 10 公里处、雄山脚下的荫城镇。明清时期，潞泽铁业产销两旺，当地涌现出规模成片的冶铁城镇，荫城镇属于潞安府最著名的冶铁县——长治县的辖区，也是长治县冶铁最兴盛、最集中的地区。

荫城铁业兴盛时期，以荫城为中心的区域各类铁炉达 1900 多座，制铁工人 14000 余人。当时荫城及周围的 132 个村庄，几乎是村村都打铁，家家有铁炉。几乎村村晚上都是炉火高燃，刺破夜幕。至今在荫城周边许多村落仍能见到堆积如山的炉渣。

荫城是中国北方的铁业交易中心。由于荫城铁货具有相对的知名度和美誉度，故荫城的铁货铺充满了从高平、阳城、壶关、陵川、晋城等县的几百个村庄，成千上万户农民铁匠中收购来的铁器。由于门类齐全、品种繁多、分类细密，荫城成为北方地区民间和军用的主要铁货集散地。据《长治县志》记载：当时荫城铁货多达 3000 个品种。

荫城铁货会是北方铁货交易的重要期会。会期从传说中关羽磨刀的农历五月十三开始，历时半个月。届时各路商贾为了祈求关老爷保佑生意兴隆，来往平安，自动捐资，在五月十三庙会时请戏酬神。荫城铁货会的规模越办越大，生意越做越红火。至清中叶时，荫城及其周边仅大小铁货庄近 400 家，其中外地客商 70 余家，近 500 人。

在荫城铁货买卖旺季，全村留人客店、旅馆上百个，由此在镇上形成一条著名的"馆街"。常驻荫城客商共有9路，分别是关东客（东三省）、京客（北京、天津）、上府客（太原、大同）、西府客（陕甘宁）、口外客（内蒙、新疆）、河南客（河南、安徽、湖北）、山东客、两广客、西南客（云贵川）。据称，在荫城附近桑梓村以前有一块碑上记载：荫城铁货遍布全国各地，并出口俄国、日本、朝鲜、不丹、尼泊尔等国家。据《中国实业志·山西省》载：在乾隆、嘉庆年间，长治荫城镇成为中国北部的铁货集散中心后，这里每年的铁货交易额能够达到1000万两白银之多。荫城的兴盛带动了当地相关产业的迅速发展，如采煤业、编造业、陶瓷业、纺织业、粮食加工业以及旅店、饭店、当铺、银号等，形成了"铁业兴、百业兴"的局面，使荫城成为上党地区乃至山西最著名的商业重镇。

驰名全国的鲍店药材会

明清时期，全国有四大药材会——河北安国、安徽亳州、河南禹县、山西鲍店药材会。

鲍店是潞安府境长子县的下属镇。从地理位置上看，是秦晋通衢、乐阳首镇，素有"雄鸡一唱鸣三县"、"填不满的鲍店"和"小汉口"之称。

鲍店药材会的特产是党参。党参的前身是冬参，早在鲍店建村时，当地百姓就开始栽种，以后传到整个上党地区，故名党参。

鲍店药材会促进了地方商业的流动。它自明嘉靖年间兴起，不仅汇聚来邻近数县如屯留、长治、安泽、高平、泽州、沁州等县的药材，同时云集了川贵中药、甘蒙皮货、津京百货、苏杭绸缎、广东铜器、汉口首饰、上党药材、荫城铁货等五花八门的货物，成为规模巨大的一方盛会。每逢会期，从农历九月十三到十二月二十三这100天中间，全国24省府客商云集鲍店，号称东走齐鲁，西达秦陇，南涉豫楚，北抵绥蒙。其中从农历十一月一日后的55天，主要以规模盛大的药材交易为主。届时，鲍店本地的和盛、义兴、三益、永光、协成、公义等6家药行，外地的太谷广升远、广茂兴、广益义，祁县的永春源，太原小店镇的同心茂，绛州府的德义堂，岚县的中药厂，河南省的成兴和与郑州的同和公药店，上海的宜兴厚，北京的乐人堂，河北武安的原顺和，邯郸的新民药房，天津的新联药材公司，汉口的共和超记药行以及内蒙古、宁夏、甘肃、青海、陕西、云南、贵州、辽宁等省的药店、药行总计不下百余家来此交易。众多外来客商云集的同时，也带来了外地的特色药，如云南白药、太谷广升远龟龄集、广东跌打丸、安徽"淮货"、潞城大风丸、平顺大党参等。据称"大会期成交额达10万元以上，仅税收一项竟达1万两白银。外地药商走时，都要买上党参、连翘、远志、知母、黄芪等中药材返回，俗称回货"[1]。

以党参为主打的药材会，除了牢牢吸引着国内药商的眼球外，还曾是打入国际市场的敲门砖。有资料显示在明代时，潞之党参最

---

[1] 长子县志编纂委员会：《长子县志》，海潮出版社，1998。

远曾被贩至日本："崇祯壬午冬，有贾舶私贩日本，携人参值十万金……其贾多晋人。""清康熙年间，党参作为名贵药材大量出口，最高年出口量达 20 多万公斤。""清代……船帮以党参易换日本洋铜，驼帮商队，将土特产销往俄国及欧洲腹地。"正是由于党参和药材会，鲍店才从一个微名小镇炒成备受全国关注的大型药材集市。

全国第一家票号——日升昌

明清时期，金融界最引人注目的是新的信用机构——票号的创办。作为账局的延续和发展，票号集存、放、汇三大业务为一体，是现代银行的雏形。余秋雨尊其"现代银行的乡下祖父"，在中国金融货币发展史上占有举足轻重的地位。

票号的首创者是平遥商人雷履泰，在他的主导下，建立了第一家票号——日升昌。雷履泰（1770—1849），山西平遥县细窑村（今龙跃村）人。出身于经商世家，幼年家道中落后，弃学从商，在平遥一家颜料庄当学徒。因办事干练，颇受财东器重，先后被委任为汉口、北京分号经理，后又担任平遥西裕成颜料庄总号掌柜。由于当时交通不便，镖局押运成本较高，商客们都愿意委托信任的商号帮忙交递银两。起初仅限于亲友之间、本商号之间，不收取任何费用。其后要求拨兑者不断增加，商号开始收取一定的手续费。雷履泰敏锐地意识到汇兑业务的前景广阔，于是萌发了专营汇兑的念头。在财东的支持下，西裕成颜料庄于道光三年（1823）正式改为日升昌票号，以 30 万两白银作资本金，专营汇兑。

　　作为票号业的首倡者，日升昌票号管理制度有不少创新之处。如日升昌票号首创二元股份制，分股银为 30 万两，每股 1 万两，共 30 股，员工以劳力做股份，即身股，占 30 股，与财东的银股共同参与分红，由此使员工与票号利益捆绑，同荣共衰，充分调动起

日升昌室内摆设

员工的经营积极性。日升昌票号实行总分号制，根据晋商销售网络，先后在晋商汇聚的天津、张家口、沈阳、苏州、上海、厦门、广州、桂林、重庆、长沙等地设立分号，招揽生意，此处交款，彼处取钱，手续简便，兑现及时。雷履泰还制定了一系列保证汇兑业务安全可靠、万无一失的密押措施，确保票号万无一失。此外，还实行掌柜负责制，即财东享有所有权，掌柜负责全权经营，财东出资聘请掌柜后，号内经营决策、分号设置、职工录用、人员调配悉由掌柜决断，财东概不过问。作为票号出资者，财东平时不得在号内用人，不干涉票号事宜，不得用票号的名义在外活动，只是在年底结账时，可以根据赢利情况任免掌柜。

在雷履泰的精心经营下，日升昌票号业务发展迅速，在全国各大重要商埠共设分号 24 个。同治、光绪年间，营业额为同行之冠。光绪二十六年（1900）时在外设立分号多达 40 余处，业务远至欧美、东南亚等国。

作为票号创始人，雷履泰受到人们的推崇和尊敬，道光二十年（1840），雷履泰七十大寿时，日升昌总号修建纪念楼一座，并将"拔乎其萃"四个金字大牌匾，悬挂于楼的中央，以褒扬其首创票号之功绩。1914 年农历九月，以"天下第一"、"汇通天下"而著名的日升昌票号，在清政府垮台和外国银行的强势竞争的双重打击下宣告停业，时人评论该号之倒闭"于全国金融影响甚大"。1932 年，日升昌改为钱庄，继续营业，但已另属新主。

日升昌票号创立 90 余年，在经营期间共收入白银约 1500 万两，不仅为财东李氏赢得了巨额财富，同时它的出现曾取代了落后的镖运方式，开创了"一纸汇票即到，百万银两立取"的汇兑局面。

第一家票号日升昌的诞生开辟了晋商经营的新领域，同时促使晋商走向新的事业顶峰，成为明清晋商鼎盛的划时代标志。正是凭票号这一新生行业，晋商在清代赢得了"汇通天下"的美誉和"中国华尔街"的金融地位。

日升昌票号

中国的第二世界大通道 ——万里茶路

在中国历史上有两条最负盛名的国际贸易黄金通道：丝绸之路和万里茶路。与著名的丝绸之路比，万里茶路是真正以民间商人为主导开辟的一条国际贸易大通道。从康熙初年开创，至民国初年废弃，万里茶路经过 200 多年的辉煌史。其起点，早期是福建武夷山的下梅村，后来因太平天国运动，贸易通道受阻，转到湖南安化，其终点是中俄边境城市恰克图。从起点到终点，有两条茶路可通：主线是从下梅村开始，水运到"茶叶港"汉口，再经汉水运至襄樊和河南唐河，在有南船北马之称的中原商业重镇赊旗（今河南社旗县）上岸，由骡马驮运北上，经洛阳，过黄河，越晋城、长治、太原、大同、张家口、归化（今呼和浩特），之后改用驼队经库伦，最后抵达恰克图。在那里主要由俄商转贩至伊尔库茨克、乌拉尔、秋明，直至遥远的彼得堡和莫斯科等俄国各大城市。全长约 4500 公里。后来，起点改至安化后，国内转运段因之缩短了 500 多公里，但随着茶叶生意在境外的扩张，境外贸易线则在不断延长。支线是在河南赊旗镇分道，到山东海路运输。

这条纵贯中国南北、连接欧亚的国际商贸通道，开创者是晋商，开创时间是雍正八年（1730）。清政府批准在边境地区恰克图建立买卖城后，一些独具慧眼的旅蒙晋商趁此将对蒙贸易扩大到恰克图。18 世纪俄国社会已经风行的饮茶习惯，成为推动晋商茶叶贸易不断扩大的原动力。恰克图贸易最兴盛时，进驻的山西

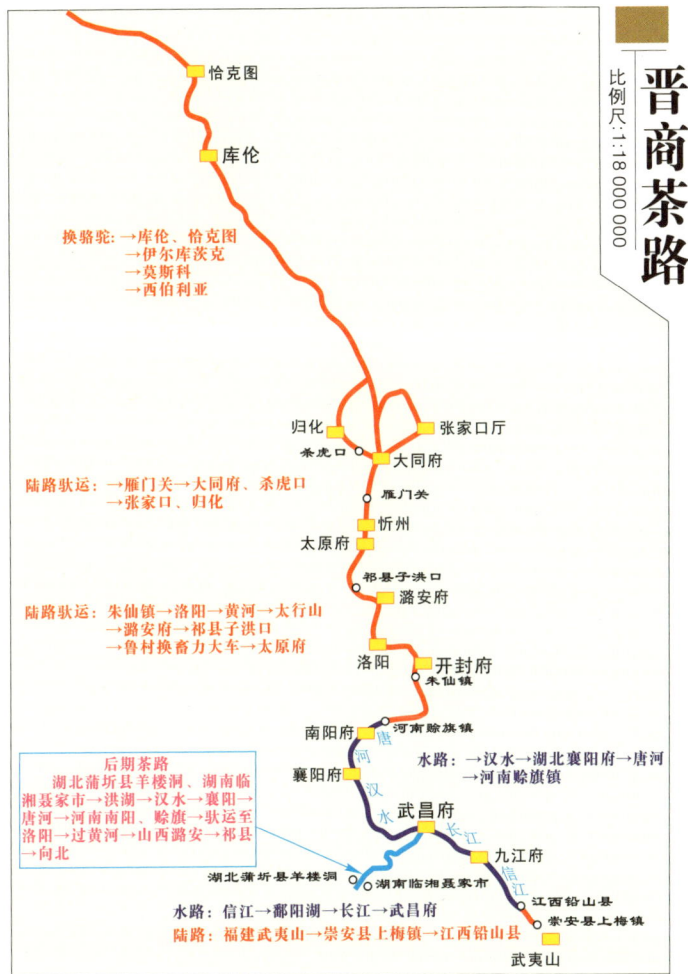

晋商茶路

比例尺:1:18 000 000

换骆驼:→库伦、恰克图
→伊尔库茨克
→莫斯科
→西伯利亚

陆路驮运:→雁门关→大同府、杀虎口
→张家口、归化

陆路驮运:朱仙镇→洛阳→黄河→太行山
→潞安府→祁县子洪口
→鲁村换畜力大车→太原府

后期茶路
湖北蒲圻县羊楼洞、湖南临
湘聂家市→洪湖→汉水→襄阳→
唐河→河南南阳、赊旗→驮运至
洛阳→过黄河→山西潞安→祁县
→向北

水路:→汉水→湖北襄阳府→唐河
→河南赊旗镇

水路:信江→鄱阳湖→长江→武昌府
陆路:福建武夷山→崇安县上梅镇→江西铅山县

茶商有 100 多家,茶叶的销售额达到 1240 万卢布。在晋俄商茶叶贸易竞争加剧后,晋商还曾深入到俄国内地如莫斯科、多木斯克、耶尔古特斯克等地建立分庄。入俄茶叶除了在俄国销售外,一些俄商直接倒手销往欧洲市场,赚取甚至四五倍的巨额差价。

200 年川流不息繁荣的万里茶路,不仅造就了一大批富可敌国的商人、商号，而且众多的文化遗存彰显着这段辉煌历史的独特魅力。如武夷岩茶制作技艺、安化千两茶制作技艺已被列入国家级非物质文化遗产名录，与此相关的下梅与安化等地的茶歌、茶戏、茶艺等也颇具地域风情。关帝庙与山陕会馆融合的"关公信俗"文化，越来越受到各方面的重视。此外，万里茶路上的建筑雕刻技艺、庙会等，既有晋商文化的痕迹，也体现着浓郁的地方风情，具有丰富的文化内涵。2006 年 5 月，在素有"文史精品古村落"之称的国家级历史文化名村福建武夷下梅村，树起一座"晋商茶路万里行起点"纪念碑，不仅标记着曾经的 200 年辉煌，也将承载起更新的内容。

"川"字牌砖茶当钱使

中国是世界四大文明古国之一，经济水平曾一度为世界领先。中国向国外输出的三大招牌商品是陶瓷、丝绸、茶叶。砖茶起源于唐代太和年间，风靡于清末。从 16 世纪欧洲大陆、美、俄等国饮茶之风逐渐兴起始，直至 20 世纪以前，茶叶一直是中西贸易居于支配地位的商品。其后印度茶、日本茶加入国际竞争后，中国茶叶出口仍占 1/3 以上的份额。在蒙俄及欧洲市场上，中国茶叶一直是主供方。

山西民间有"太谷兴盛于药，祁县发展于茶"的说法。祁县渠家的长裕川茶庄是晋商中开设时间最长、规模最大的茶庄之一。渠家自乾隆年间（1736 — 1795）走口外，在包头开设"长源厚"字号后开始兼营茶叶。乾隆、嘉庆年间，子承父业的渠映潢投资增设了长源川、长顺川两大茶庄。两大茶庄开设后，茶叶从渠家的百货经营中独立出来。渠家最初采购的茶叶来源于著名的武夷山茶区。太平天国运动兴起后，到武夷山的茶路被阻，渠家转而从湖北的蒲圻县、湖南临湘县的聂家市、安化及咸宁等处采办茶叶。为长途运输和保存便利，晋商将茶叶"压作方砖，白纸封，别有红笺，书小字……有本号监制、仙山名茶等语"。因成品茶被压成砖形，故称"砖茶"，专门向蒙古、新疆等地出售。当时生产"川"字砖茶的有两家，主要是渠家的两大茶庄——长裕川、长盛川，还有大盛魁属下的大玉川、大昌川。

渠家通过长裕川在张家口和绥远的两个分庄，将砖茶从"北路"、"西路"和"东路"源源不断地销往塞外。长裕川茶叶在内蒙古一带极有信誉。据称：长裕川的"川"字砖茶运抵市场后，人们争相购买。在蒙古腹地，除了以米面、布帛直接易皮毛外，其余杂物均以砖茶定其价值。"川"字砖茶一度成为市面流通中充当货币的交易品。长裕川茶庄在茶价稳定时，每箱茶叶大概至少有 2 两白银的利润，最高时能达 7 两之多。有一次开账分红时，每股分红高达8000 两左右，财东渠源潮一人就独得红利高达 40 万两白银，比此际风光红火的票号业毫不逊色。从光绪年间到民国时期，恰克图茶叶市场受中俄政治形势及俄茶商的冲击，波动很大。第二次鸦片战争以后，在一系列不平等条约的庇护下，俄茶商获得了极大的优势，山西茶商逐渐败落。民国二十年（1931），长裕川茶庄被迫转营食盐，"川"字牌砖茶就此绝迹。

渠家内院

天下首富，晋商亢家

在清人徐珂撰写的《清稗类钞》中，有一份闻名天下的民间财富榜，平阳亢氏以资产数千万银两位居其首，名气之大远远超过晋中曹、乔、侯、渠、常诸家族。人常说：富不过三代。但民间所称"亢百万"的平阳亢氏却是个商业奇迹。亢氏约从清初开始发迹，到清代末年时，近300年昌隆不败，资产已达数千万之巨，财力之雄让富得流油的晋中巨商也自愧弗如。亢氏在家乡平阳的气魄，据称是"宅第连云，宛如世家"。在扬州，还有被当地人呼为百房间的"亢园"及"亢家花园"。

亢氏如何能积累起如此庞大的家产且长保兴隆？

其一，盐业起家。亢氏家族第一位经商者是亢嗣鼎的父亲。他从卖豆腐的小本生意做起，在平阳赵知府的帮助下，商业走上正轨。其子亢嗣鼎成年后，在大户出身的妻子的帮助下，从平阳转到扬州经营盐业，靠着出色的经营手段和交际手段，在两淮盐商中异军突起。当时有"南安北亢"之说。"南安"指的是康熙年间的盐务总商安麓村，"北亢"指的就是亢嗣鼎。能与安氏齐名，足见其在扬州商界的资本和权势何等显赫。

其二，兼营粮食。亢氏以盐起家后，开始涉足多种经营。亢氏的家乡平阳府地处临汾盆地，盛产小麦、棉花，是山西主要的产粮区。亢氏在许多地方投资开了自己的粮店，既做长途贩运的批发生意，也兼做一些零售买卖。当时京城规模最大的粮行位于正阳门外，是京城最重要的粮食交易中心，储备有米粮万石，它的主人便是平阳亢氏。

除了盐、粮外，亢氏还经营高利典当业。清代时的典当业与盐业并称商界两雄。伴随着城乡商品经济的发展和繁荣，典当行业成为解决民间百姓短期融资、调节百姓余缺和保管物品的重要行业，在全国普遍盛行。由于通常典当以月计息，就是当天赎回也要付一个月的利息，且利率远高于法律规定的月息3%、年息36%的标准，因而成为赚钱最快的暴利行业。

亢家以盐起家后，迅速插手了典当业务，投资建了一批当铺，这也是亢氏涉足金融业的开始。

在以传统商业为主的经营过程中，亢氏从清初发迹到清末衰败，保持了200余年的繁荣。多元化、规模化经营正是其长期立于不败之地的重要原因。

内务府皇商——范家

清代山西有一家上通朝廷、下连市廛、富名远扬的皇商家族，即山西介休的范家。范氏明初时由介休城迁至张原村，七传至范永斗时，在张家口以对满、蒙贸易致富，并与王登库、靳良玉、梁嘉宾、田生兰、翟堂、黄云发、王大宇一起被称为当地的"山右八大商人"。清初，范永斗被召入内务府，从此以皇商身份继续从事旅蒙贸易。范家由此成为半商半宦的显赫家族。仅其中两辈人，就有20人担任了中央或地方官吏。其间，范氏经由内务府奏请，承担了部分入日贩铜业务，成为当时赴日贸易的最大洋铜商，同时，范氏还经营河东和长芦两处引盐的运销。铜、盐之利大大充裕了范氏家财。除此而外，范氏还涉足木材、人参、茶、马等商业。范氏之兴因官商而起，但此后由于洋铜贸易的市场变化及官府对洋铜给价较低，又因之而衰。从乾隆十六年（1751）起，范氏商业开始衰落，到乾隆四十八年（1783）范清济因经营洋铜失利、拖欠官银被囚，范家被抄，家产充公。在商界纵横捭阖称雄百余年的范家结束了显赫一时的官商家族的历史。

据调查，范氏原籍张原村当年有范家街，长近百米，其西段有一院落，号称"小金銮殿"。范氏宗祠在张原村东南角，建筑已毁，只留有一些瓦砾残垣。范氏坟茔现只保存有总兵范毓（香奇）的坟，存石雕、双华表，径约尺五，高达二丈。在范家等富商的影响下，民间收藏之风盛行。大约从乾隆年间开始，张兰村"家家藏宝，户户赏古"，蔚然成风。

外贸世家——常家

在榆次、太谷一带有三个出了名的穷地方，民间有句顺口溜这样说："走东阳、串西阳，德音、庞至、烂车辋。"常家先祖就落户在这个所谓的"烂车辋"村里。清初时第八世常威带着收购来的榆次大布来到了"旱码头"张家口。张家口是晋商，尤其是不少晋中商人的发迹之地。清代外贸世家——榆次常家无疑是其中最耀眼的。常威到张家口经营榆次大布开办了第一个商号——"常布铺"，不久又建立了第一家字号——大德玉杂货店。到雍正六年（1728）时，大德玉杂货店发展成为一家颇具规模的字号。此后，常家以张家口为基地，不断将商业网点扩大至广大蒙古地区。随着常威父子的生意兴隆，销售网点扩大至归化、包头、多伦和库伦等蒙古及新疆市场。

常威在商海闯荡几十年，积攒了丰厚的家资。为了回乡颐养天年，他把家业一分为三，给三个儿子分了家。二儿子常万旺自愿弃商务农，在张家口安家置地。大儿子万玘、三儿子万达均承继了父亲基业。其中常万玘一支因住村南，称"南常"，堂名"世荣堂"，他以所分资产另建了大德常字号，继续以布匹、百货为主，稳扎稳打，开拓国内贸易。常万达为"北常"，堂名"世和堂"，在承继大德玉的基础上，以张家口总号为中心，向外扩展，形成了一个辐射整个蒙古的商业网络。

"北常"先祖常万达在《中俄恰克图条约》签订十余年，当许多商人还在徘徊观望、举棋不定时，就率子北上开拓新的事业。他利用清政府给赴俄边界贸易商人开创的一切便利条件，确定了以茶叶经营为主，同时兼营丝织品、瓷器、手工艺品等。乾隆初年，常万达以张家口总号"大德玉"的名义，在恰克图开设分店，向俄商出口茶叶及绸缎等商品。作为赴恰克图贸易的第一批晋商，在恰克图从开市、繁荣再到衰落的近200年间，常家的生意也经历了兴衰嬗变的相同轨迹。

大德玉商号的赢利被源源不断地用于扩大经营。常家最盛时，在恰克图的商号除了大德玉外，还增设了大升玉、大泉玉、大美玉、

常家庄园

独慎玉、大珍玉等几大字号，其中独慎玉在俄国首都莫斯科还设有分店。据当事人回忆说，当时常家的字号在恰克图的几条街上都有分布。

这样，常家在历经乾隆、嘉庆、道光、咸丰、同治、光绪、宣统七朝、长达 150 余年的外贸中，以"塞外码头"张家口为大本营，以"大德玉"为中心，"五大玉"联袂经营，在恰克图形成了外贸网络格局。在恰克图 10 多个晋商大字号中，常氏一门独占 4 个，由此被誉为"中国外贸第一世家"。

在 200 余年的商业经营中，常家在经营上坚持多元、多业，尤以茶叶生意最为突出。当时常家不仅是恰克图最大的对俄茶商，还是闻名的"茶叶之路"的开创者。在金融领域，常家曾涉足过票号、账局。常家作为晋中的显赫商业世家，不仅富可敌国，还坚持"引儒入贾"，有既商且儒的家族文化特色。这既表现在其经营理念、精神支柱、做人做事的根本原则上，也表现在商业组织内部要素的优化上。从这一点来说，常家在晋商中是名副其实的"儒商第一家"。

晋商老字号

旅蒙巨商大盛魁

大盛魁商号既是清代山西旅蒙商对蒙贸易的最大商号，也是归化城旅蒙商"三大号"(大盛魁、元盛德、天义德)之首号，长期称雄于塞外蒙古市场。

大盛魁创办者并不是什么富商大户，而是三个白手起家的山西人——太谷人王相卿与祁县人张杰、史大学。他们从康熙年间从事肩挑负贩随军贸易开始，积累微资合伙创"吉盛堂"商号，其后易名"大盛魁"。总号初设在乌里雅苏台，后迁驻归化城（今呼和浩特），活动地区包括喀尔喀四大部、科布多、乌里雅苏台、库伦（今乌兰巴托）、恰克图、内蒙各盟旗以及新疆乌鲁木齐、库车、伊犁和俄国西伯利亚、莫斯科等地。

嘉庆年间，大盛魁以拥有清廷颁发的"龙票"（盖有皇帝印玺的经商信票）和放"印票"（相当于金融债券）业务，发展成为称雄于塞外蒙古市场的垄断性大商号。当时，大盛魁是拥有"龙票"的两家大商号之一，其印票在当地流通极广。据说，在巅峰时期，蒙古 140 个旗和"沙毕"（蒙古的一种行政单位）中，只有十几个旗的王公没有欠大盛魁的债务。

在整个贸易网络中，大盛魁主要靠在全国各地陆续建立和收购的诸多小号自行组织货源，这些小号围绕在总号周围，在不同地点提供不同贸易货物，将大盛魁获得的垄断经营权的商业利益最大化。大盛魁还建有自己的运输体系，在蒙古地区的乌里雅苏台、科布多等重要据点都设立分号，并拥有数量可观的驼队在蒙古地区批销货物。借助各种经营不同项目的小号，大盛魁建立起规模巨大、网点密布的货源和运销体系，贸易范围一度扩大到南至广州，北达蒙古，东抵日本，西到莫斯科的广大地域。

到同治末光绪初年时，大盛魁发展到极盛，拥有国内外分号

82 家，员工六七千人，商队骆驼近 2 万头，大盛魁总号的资本逾千万，分号资本也已发展到了十万、百万，每年贸易金额达 900 至 1000 万两银子。据称其资产可用 50 两重的银元宝，铺一条从库伦（乌兰巴托）到北京的道路。由于资本十分雄厚，其一举一动对当地影响极大。如归化城市场上的几种重要商品，都由大盛魁开盘行市，其他商号均无此特权。

清末，在沙俄的屡屡入侵下，大盛魁的经营受到一定损害。后又丧失了外蒙市场和资本，而且前期债务也收不回来。再加上商号后期用人不当，侵吞钱款事件屡有发生。1929 年，有 200 多年历史、曾经显赫一时的大盛魁商号宣告倒闭。

中国第一家海外银行——合盛元票号

在山西数量众多的票号中，合盛元以创办海外第一家票号而著称于世。

合盛元票号的财东是祁县人郭源逢和张廷将（大盛魁商号创办人张杰后裔）。早年主要与他人合资在奉天、吉林等地以经营钱铺、当铺、茶叶和烧锅为业。道光十七年（1837），财东将茶铺改组为票号，股金 6 万两，总号设在祁县城内西大街西廉巷。票号创设后，合盛元先后在京师、天津、上海、汉口、九江、安庆、奉天、营口、开封、西安、保定、太原、运城、祁县等 15 个城市设立分庄。

甲午战争（1894）爆发后，东北局势混乱，票号业务受损。财东委派年仅 18 岁的申树楷任东北营口分号经理。申氏力挽狂澜，使营口票号转危为安，重振业务。身在日俄觊觎之地，东北地区进出口贸易不断在中国进出口贸易中比重上升。日本随之成为主要的贸易国。当时大豆和豆饼出口迅速增加，盛产大豆的东北地区在全国出口货值上所占比重增加。票号在与外商银行的竞争中屡居下风。为逆境求存，合盛元倾力向海外发展，以打破外商垄断，改变被操纵的命运。

光绪三十二年（1906）秋，合盛元票号派申树楷等人赴日本神户筹设分号。根据日本政府法令规定，外人在日私立银行，必须经日本政府批准。申树楷到日后，积极联络中国驻神户正领事官宗室长福，数月周折后，终于拿到了日本政府的批文，并于次年终于成立了合盛元神户支行，对外声称资本"五百万元"，名曰"合盛元银行"。合盛元在日本设庄后，江海关汇日出使经费，以及各省留日学生费用，多由合盛元汇出。它刊登广告声明："凡我同胞此后东渡日本及彼回宗国者，如兑银洋各项兼托办事件，皆可竭力关照，额外克己。"其后还陆续在东京、仁川等地设立分庄，从而开创了我国货币结算的新纪元，在国外金融市场上占得一席之地。

京城有个"都一处"

在北京繁华的前门大街有一处闻名中外、有 270 多年历史的名店——都一处。"都一处"创办者是山西浮山人王瑞福。当年，他从老家跋涉千里、风尘仆仆来到京城谋生。乾隆三年（1738）时，他终于筹资在前门外大街路东鲜鱼口南搭起一个简易的酒店。几年后，看着买卖赚钱，他于乾隆七年（1742）前后盖起了只有一间门面的二层小楼。酒店开张后，酒客盈门，生意不错。但不久掌柜病故，内掌柜带着一儿一女过日子，生意托付给掌柜的师哥经营。乾隆十七年（1752）年三十，这个名不见经传的酒店仍照老规矩，不过子时不关门。亥时，酒店进来了一主二仆。老板见来人气度不凡，赶忙殷勤招待。主仆三人，一边就着酒，一边吃着小菜，看着小店伙计殷勤、酒香沁脾、小菜可口，便顺便跟伙计聊两句天，问起酒

都一处

店的名称，伙计答道没有字号。主人听后感叹说："这时候，还不关店门的酒店，京都只有你们一处了吧？就叫'都一处'吧！"听者无心，岂料说者有意，过了几天，几个太监抬着一块"都一处"的虎头匾来店，老板才知原来那晚来店的竟是当朝皇上。激动的老板恭恭敬敬地把御笔赏赐的这块虎头匾高挂起来，并把皇上坐过的椅子用黄绸子围起来，当"宝座"供奉。为示恭敬，老板还吩咐从大门到皇上座位经过的路不许除尘扫灰。日积月累，这条甬路竟然高出地面厚厚一层，被称为"土龙"，成为当时与永外"燕墩"齐名的京城"古迹"之一。

"都一处"自从乾隆皇帝赐匾后，生意一炮而红，但直至道光年间，都一处的经营品种仍是以卖酒和马连肉、晾肉、煮小花生、玫瑰枣等小菜为主。其后，在前门外各都一处饭馆的激烈竞争中，都一处逐渐增添了烧卖、炸三角、饺子、馅饼等面食和炒菜。到同治年间李静山的《增补都门杂咏》中记载："京都一处共传呼，休问名传实有无。细品瓮头春酒味，自堪压倒碎葫芦。"

至 20 世纪 30 年代时，"都一处"的烧卖供不应求，店里便暂停了饺子、馅饼等面食，专营烧卖，从此都一处以烧卖著称。1989 年，"都一处烧卖"荣获商业部餐饮最高奖项"金鼎奖"，2000 年获得"中华名小吃"认定，2006 年成为商务部首批认定的"中华老字号"，2008 年"都一处烧卖制作技艺"被列入国家级非物质文化遗产名录。今人有藏头诗赞曰："都城老铺烧卖王，一块黄匾赐辉煌。处地临街多贵客，鲜香味美共来尝。"店堂正中是乾隆皇帝亲笔题写的"都一处"虎头匾，门楣上是郭沫若先生题写的"都一处"三个大字，带着"名店、名点、人文、民俗文化"的招牌向世人继续展示着百年老店的风貌。

历史悠久"六必居"

位于前门外粮食店街路西的"六必居酱园"是商务部首批认定的"中华老字号"。老字号历史悠久，据传是山西临汾赵存仁、赵存义、赵存礼三兄弟于明朝嘉靖九年（1530）创办的。老百姓生活有"开门七件事，柴米油盐酱醋茶"的说法，六必居独不卖茶，因而称"六必居"。

六必居酱园

在数百年的小作坊生产中，六必居前店柜台长期使用临汾、襄汾县人，始终坚持两条基本经营原则：一是任何人不准超支或长支店内资金，对外经营不欠债；二是店内不用三爷（即少爷、姑爷和舅爷）。六必居以酱菜最出名，甜酱黑菜、甜酱八宝菜、甜酱八宝瓜、甜酱黄瓜、甜酱甜露、甜酱姜芽、甜酱什香菜、甜酱小酱萝卜、甜酱瓜、白糖蒜、稀黄酱、铺淋酱油等 12 种产品经常上供宫廷。据说为了送货方便，朝廷还赐给六必居一顶红缨帽和一件黄马褂，这两件衣帽一直保存到 1966 年。

道光时的《都门纪略》、光绪时多次再版的《朝市丛载》等都曾提及六必居的八宝菜、包瓜等酱腌菜。有《竹枝词》称："黑菜包瓜名不衰，七珍八宝样多余。都人争说前门外，四百年来六必居。"由此可见，"六必居"的酱菜真正是上至达官贵人宫廷御用，下至普通平民白姓佐餐食用，从而成为京城酱园中历史最久、声誉最著的小店。

新中国成立以后，数百年小作坊逐步向集团化、行业化、现代化迈进。目前，六必居是国内同行业规模最大的生产酱腌菜、酱类调味品的专业化企业。旗下有三个著名的老字号：一是六必居酱园，一是清同治八年（1869）的天源酱园，一是清乾隆三年（1738）的桂馨斋。公司在继承传统的制作风格和品质基础上，不断推陈出新，如今酱菜、酱类调味品达 200 余种，各类新型包装、礼品包装 100 余种，获得"北京市著名商标"、"三合一"体系的国际认证等。截至 2004 年，六必居的销售网络遍布东北、西北、华北、江南等地，产品远销日本、澳大利亚、新加坡、泰国、加拿大、美国及欧洲等十几个国家和地区。

名士名吃清和元

提起清和元，山西省城太原人最熟悉的莫过于明末清初大家傅山先生的亲笔题字和闻名数百年的名吃"头脑"，而清和元和傅山确实颇有渊源。

据说清和元是一个来自甘肃的朵姓回族老板所开。之前，朵老板靠在太原南仓巷中段的地面上经营小吃摊点生活，专卖羊杂割。因为本小利薄，生意比较清淡。傅山先生经常来此，与朵老板熟悉后，将自己给体弱多病的母亲养生用的"八珍汤"配方送给了朵老板。所谓"八珍"，主要是羊肉、藕根、长山药、煨面、良姜、黄芪、酒糟七样，外加腌韭菜做"引子"，有益气调元、活血健胃、滋补虚损的功效，该品有"十全大补汤"之称。不仅如此，傅山先生还亲自给店号起名书牌，将"八珍汤"易名为"头脑"，羊杂碎取名"杂割"，连读即"头脑杂割清和元"。傅山先生一生致力于反清复明，"清和元"表达出傅山对汉政权消亡的愤懑，以此来寄托他反清复明的思想情感。而清和元一大早即张挂灯笼，被称有"天不欲明人欲明"的隐喻。清和元得傅山配方和牌匾后，从此生意开始红火，很快扩张到一家店面。

道光年间，清和元传全朵林风之手时，已经发展成一座二层小楼，并配有四合过庭院，最忙时帮工伙计有 20 多人。

随着时代的变迁，民国以后的"清和元"几经沉浮。直到 1956

年，清和元饭店几经停顿后，重新开张。改革开放后，清和元饭店作为太原的名品，不仅传统名吃、名菜等逐步恢复，还创新了一些名点新菜。目前，药膳"八珍汤"（头脑）被列为国家级第二批非物质文化遗产项目。近年来，商务部开始在全国范围内实施"振兴老字号工程"，清和元作为山西名副其实的清真风味"中华老字号"，日益受到重视。

山西人的名片：老陈醋

提起山西，世人印象最深刻的一是煤，二是醋。在中国传统食醋业的四大系列（山西老陈醋、四川宝宁醋、福建红曲醋和镇江香醋）中，山西老陈醋以绵、酸、香、甜、醇的独特口味和悠久历史，享有"天下第一醋"之美称。

山西酿醋历史悠久，据历史学家郝树侯教授考证：至少在公元前497年以前，晋阳城（今太原市南郊晋源镇）就有酿醋者。北魏贾思勰所著《齐民要术》记载的22种制醋法，反映的就是山西人的酿造法。

在长期发展中，山西醋多源并茂，除官府酿醋外，民间酿醋之风也相沿甚久。在山西老陈醋主产地清徐县，甚至是"家家有醋缸，人人当醋匠"。中国微生物学创始人方心芳民国年间到山西考察老陈醋后，写出《山西醋》一书。书中写道："我国醋之最著名者，首推山西醋和镇江醋，镇江醋酽而带药气，较之山西醋犹逊一筹，盖上等山西醋之色泽气味醇正，陈放时间长，醋之本身起化学作用而生成，绝非人工伪制，不愧我国之名产。"新中国成立后，山西醋开始众源合流，从而诞生了新的品牌。如"美和居"联合了21家醋坊，诞生了老陈醋新品牌"东湖"。尽管山西醋业名老字号不少，发展却大同小异。山西老陈醋作为四大名醋之一，产量仅占全国醋的1/10。为了整合品牌，形成竞争优势，1996年，山西老陈醋集团有限公司正式组建。集团公司生产的省外产品均以享誉海内外的"东湖"牌为注册商标，省内以"益源庆"牌为注册商标，并依托"美和居"打造企业文化。如今该集团旗下，"东湖"是集"驰名商标、中华老字号、中国名牌、地理标记保护产品、非物质文化遗

宁化府益源庆醋业

产、国家质量银奖"等众冠于一身的晋醋代表，拥有中国调味品行业中唯一的山西老陈醋旅游观光园。另一家制醋企业水塔醋业则于2000年在清徐县建立了国内第一家醋文化博物馆，并依托醋博物馆，还原明清陈醋酿造场景的宝源老醋坊，建立起醋的工业园和旅游园。随着2010年8月新出台的"醋八条"，山西醋企正在转型发展中为打造"天下第一醋"而努力奋斗。

千年传承，汾酒香飘天下

"清明时节雨纷纷，路上行人欲断魂。借问酒家何处有，牧童遥指杏花村。"唐代著名诗人杜牧一首《清明》诗让坐落于山西吕梁山脉子夏山下的杏花村名扬天下。诗中所吟的杏花村酒虽然到明代以前都没有出现汾酒的名称，但此地所产的美酒却是源远流长，家喻户晓。

从文物资料看，早在新石器时代杏花村就已掌握了初步的酿酒技术。从北齐时武成帝高湛的最爱"汾清"，到中唐时李肇的《唐国史补》列入的干和，以及宋代的《北山酒经》记载的干酿，再到从元至明风行天下的羊羔酒、乾和酒，千余年来杏花村酒虽没有汾酒之名，却有天下名酒之实。明后期，随着晋商尤其是汾州商人的行销脚步，汾酒畅行国内，远销国外，为区别于其他白酒，特命名汾白酒，即汾酒。

明清是汾酒在古代发展的高峰期。汾酒不仅历代赞誉不绝，而且异地传承带动不少白酒发展。明末农民起义军领袖李自成进军北京时，路经杏花村畅饮汾酒，赞誉其"尽善尽美"。清代乾隆皇帝禁烧酒时，两次朱批均对汾酒网开一面。袁枚的《随园食单》、李汝珍的《镜花缘》都把汾酒列为天下第一烧酒。尤其是1915年，巴拿马万国博览会上，汾酒一举荣获当时的最高奖项——甲等大奖章，由此闻名海内外。称汾酒是中国白酒的始祖，并非虚名。据考证，中国许多名酒如茅台、泸州大曲、西凤、双沟大曲等都曾借鉴过汾酒的酿造技术。据说，贵州的茅台是清康熙年间山西一个盐商经商贵州时用汾酒的配制方法在当地酿造的，故有"茅台老家在山西"的说法。陕西的"西凤酒"、湖南的"湘汾"，以及"溪汾"、"佳汾"等，都有汾酒的影子。因而汾酒文化也是晋商文化的重要

杏花村

一部分。另外，明清也是杏花村的另一大酒类——竹叶青品质提升的重要时期。竹叶青早在唐代时已经成为上流社会的饮宴佳品。宋元改用高度汾酒作酒基后，竹叶青既有了汾酒母酒的清香醇厚，又有了竹叶的青翠欲滴。明末清初时，精通医术的三晋名士傅山对竹叶青酒进行了配方改进，加入了一些中药成分，使竹叶青的保健功能大大强化。

4000年的悠久历史，千余年宫廷御酒的身份，历代文人的夸耀，汾酒作为"第一历史文化名酒"，新中国成立后连续5次蝉联国家名酒称号，竹叶青酒三次入选国家名酒名单。山西杏花村汾酒集团成立后，以生产经营汾酒、竹叶青酒为主营业务，以"杏花村"、"竹叶青"两个驰名商标为主打，成为全国最大的白酒生产基地之一。并挂有4个国字号"招牌"：全国工业旅游示范点、全国重点文物保护单位、国家级非物质文化遗产、国家级酒文化学术活动基地，同时还获得了"全国企业文化优秀奖"等荣誉，这在全国酒业中绝无仅有。

清代四大药店之一——广升药店

广升药店的前身——清代太谷的"广盛号"药店与北京的同仁堂、杭州的胡庆余堂、广州的陈李济并称为"清代四大药店"。又因其创立于明朝嘉靖二十年（1541），比1669年创建的北京同仁堂以及1874年开张的胡庆余堂分别早128年和333年，成为中国最早的民间药店。据说"广盛号"是江湖游医、襄垣人石先生所开，最初只是顺便卖些草药、丹丸。转让给阳邑村杜氏后，逐渐以出售自制销售的丸散膏丹为业。清嘉庆十三年（1808）、光绪四年（1878），广盛号连续两次改组，先改为广升药店聚记（简称为广升聚），后改组为广升蔚。其业务逐渐转向以批发为主，组织货源范围扩大到全国的大中等药材集散中心和药材产地，并相继在汉口、怀庆、禹州、彰德、祁州、广州等地开设分号。在"东走齐鲁，西达秦陇，南接豫皖，北抵绥蒙"中，逐步垄断了中国北部的南药供应。其间，药店在原址上开始扩建，最终发展成占据两条街、一连5个院的商号。

虽然广升药店在400年发展中频频改组，但招牌药一直是自制的两大中成药品牌：一是龟龄集。据说其原为明代嘉靖年间方士向嘉靖皇帝进献的一种长生不老药，后被抄出成为广升药店的招牌药，并定名龟龄集，从此400多年间流芳于世，享誉海内外。该药以人参、鹿茸、海马、雀脑、地黄、苁蓉、枸杞、淫羊藿等20多种珍贵药材配制，具有强身健脑、固肾补气、增进食欲、调整神经之功能，被我国古今医学界誉为"补王龟龄集"。目前龟龄集是我国生产最早且流传至今保存完好的唯一的中药复方升炼剂，是我国中成药历史宝库的珍贵遗产，入选国家第二批非物质文化遗产。二是定坤丹。此药始于乾隆四年（1739），木为治疗宫女经血不调的宫廷秘方，后来被辗转抄出，流传至广升药店。定坤丹曾获得联合国第四次世界妇女大会唯一指定专用妇科中药、山西省标志性名牌产品等荣誉。

如今，在太谷，广盛老号有几处旧址：一是最古的广盛号，位于太谷县城的钱市巷2号院，存房屋15间，占地面积约360平方米。

二是广升远旧址，就在广升蔚斜对面的西大街 38 号，占地面积约 380 平方米。三是被合并入"广誉远"的"广远兴"旧址，位于西大街 34 号，坐北朝南，二进院，占地面积约 720 平方米，有房屋 36 间，均为砖木结构建筑，现保存基本完好。

晋商遗存

见证晋商繁荣的世界文化遗产——平遥古城

在世界文化遗产名录中，素有"龟城"之称的平遥是中国现存规模较大、保存最为完好的四大古城之一，也是目前我国唯一以整座古城申报世界文化遗产获得成功的县城，同时还是晋商辉煌的历史见证，承载着丰富的明清商业文化信息。

平遥建城历史悠久，但成为富甲一方、货流涌聚的繁荣市镇则应归功于清代当地商帮。平遥城始建于西周宣王时期（前 827—前 780），明洪武三年（1370）扩建。从平遥城保存下来的规模看，6 座城门瓮城、4 座角楼和 72 座敌楼构成了完整的县城框架。

清朝时，平遥因当地商帮的崛起，迅速富甲一方，成为货流涌聚的繁荣市镇，有"小北京"之称。平遥商人在明中后期"封贡互市"时开始进入满、蒙市场，其后山西著名的"走西口"风潮渐趋涌动，由于蒙方市场潜力大，需求量也大，许多肩挑负贩的平遥商人在这里攫取到致富的第一桶金，进而开始在满、蒙市场中活跃并

平遥古城

清代平遥城

比例尺:1:12 000

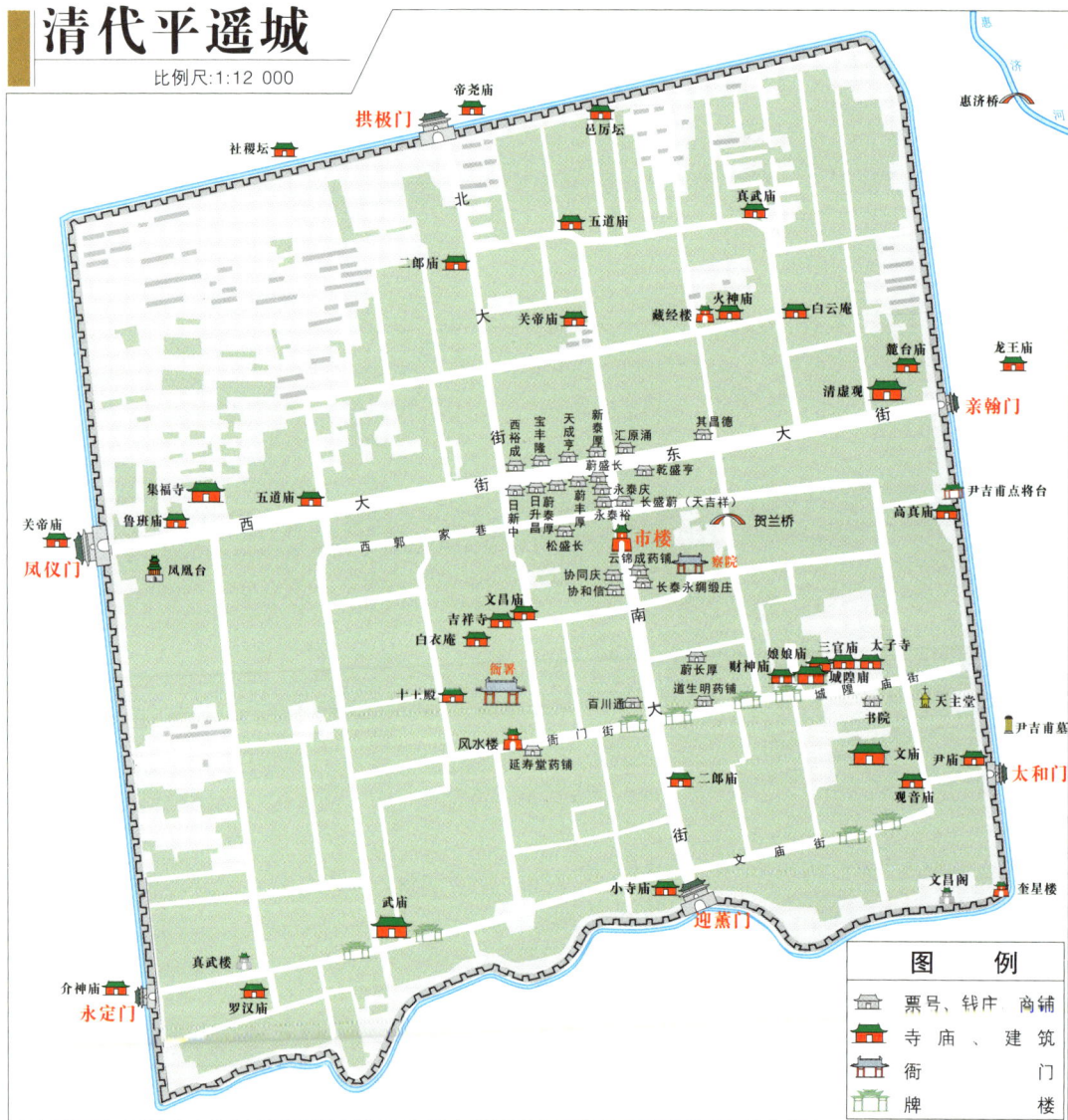

惠济桥

惠济河

帝尧庙

拱极门

邑历坛

社稷坛

真武庙

北

五道庙

二郎庙

大

关帝庙　藏经楼　火神庙　白云庵

龙王庙

麓台庙

清虚观

亲翰门

街

西裕成　天成亨　新泰厚　其昌德

街　宝丰隆　汇原涌

东　乾盛亨

集福寺　　　　　蔚盛长　永泰庆

五道庙　　　大　　日新中　蔚丰厚　永泰裕　永盛蔚（天吉祥）　尹吉甫点将台

关帝庙　鲁班庙　　西　　日升昌　松盛长　　　　　阅兰桥　高真庙

凤仪门　　　　　街　　西郭家巷

凤凰台

市楼

云锦成药铺

衙院

文昌庙　　　　协同庆　　　　长泰永绸缎庄

吉祥寺　　　　协和信

白衣庵

十王殿　　衙署

百川通　　蔚长厚　财神庙　娘娘庙　三官庙　太子寺

道生明药铺　城隍庙

风水楼　　街　门街　　　　　　　遥　书院　　天主堂

延寿堂药铺　大

二郎庙　　　　　文庙　尹庙　尹吉甫墓

观音庙　太和门

武庙　　　　　　　　　文庙街

小寺庙

真武楼　　　　　　　迎熏门

介神庙　　　　　　　　　　　　文昌阁

永定门　罗汉庙　　　　　　　　　　　奎星楼

图　例

票号、钱庄、商铺

寺庙、建筑

衙　门

牌　楼

崭露头角。至清中后期时，平遥已有不少富名远播的商业大家族，如侯家、达蒲村李家等。

中国第一家票号日升昌诞生于平遥西大街。作为当时清代最早、最大的票号，日升昌在平遥一揽需求旺盛的汇兑生意，以汇通天下声名远播。在日升昌的带动下，平遥票号一时如雨后春笋纷纷冒出。平遥也因此成为"山西票号"的发源地。当时平遥票号业最盛达 22 家，占全国的一半以上。这些总部设在平遥的票号分号遍布，控制着全国 50% 以上的金融机构，平遥成为当时中国的金融中心之一。

在平遥票商的引领示范下，平遥崇商之风盛行。在汇兑生意的垄断中，平遥、祁县、太原三帮票号纷纷结交官府，插手利润丰厚的官方业务，从而将利润越滚越大，资财最富时，晋中大户均有几百万甚至上千万家当。所以兴土动工、营修宅院成为当时普遍现象。这座因商而兴的县城，到处分布着古色古香、结构独特、建筑精美、雕梁画栋的民宅庭院。这些庭院大多以砖墙瓦顶的木结构四合院为主，布局严谨，轴线分明，左右对称，主次分明。大家族多为二进、三进院落甚至更大院群，院落之间由装饰华丽的垂花门分隔。民居多重装饰，从入门的砖雕照壁到檐下梁枋的木雕雀替，再到柱础、门柱、石鼓的石雕，无不体现出古代纯朴精巧的建筑美。从这些建筑集中建于 1840 — 1911 年之间，可知票号对这座县城的影响之巨。

如今，在平遥古城最繁华的传统商业街——南大街街道两旁，各种老字号、名字号店铺林立，集中了明清时期几十家著名商家，如协同庆、永隆号、同泰茂、百川通、蔚丰厚及镖局等。街上每座商家都是前店铺后宅院，高墙重楼，空宅串院，曲折迂回，雕梁画栋，各具特色。每座宅第都有丰富多彩的动人故事和博大精深的历史积淀，带着浓厚的古代商业气息。

平遥古城民居

恢宏壮观、异彩纷呈——晋商大院

纵横欧亚几万里、称雄商帮 500 年的晋商创造了"货通天下"、"汇通天下"的奇迹，在号称"海内最富"的晋中票帮故里，几处规模庞大、建筑精巧、风格独特的晋商宅院依然在晨晖暮影中熠熠生辉，彰显诉说着晋商当年的繁荣和故事。它们有祁县的乔家大院、渠家大院，榆次的常家庄园，太谷的三多堂，灵石的王家大院等。

乔家大院

祁县乔家大院是大贾巨富乔致庸的宅院，始建于清乾隆二十年

乔家大院

（1755），光绪、民国年间进行过两次增建，共有 6 个大院、20 个小院，共 313 间房屋，占地面积达 8700 平方米。尽管前后修建逾越百年，但令人惊奇的是其建筑工艺、建筑风格前后一致。每个大院均由三五个小院组成，按照正偏结构布局，正院瓦房出檐，偏院则是平房，体现着中国尊卑有序、长幼有别的伦理观念。每个庭

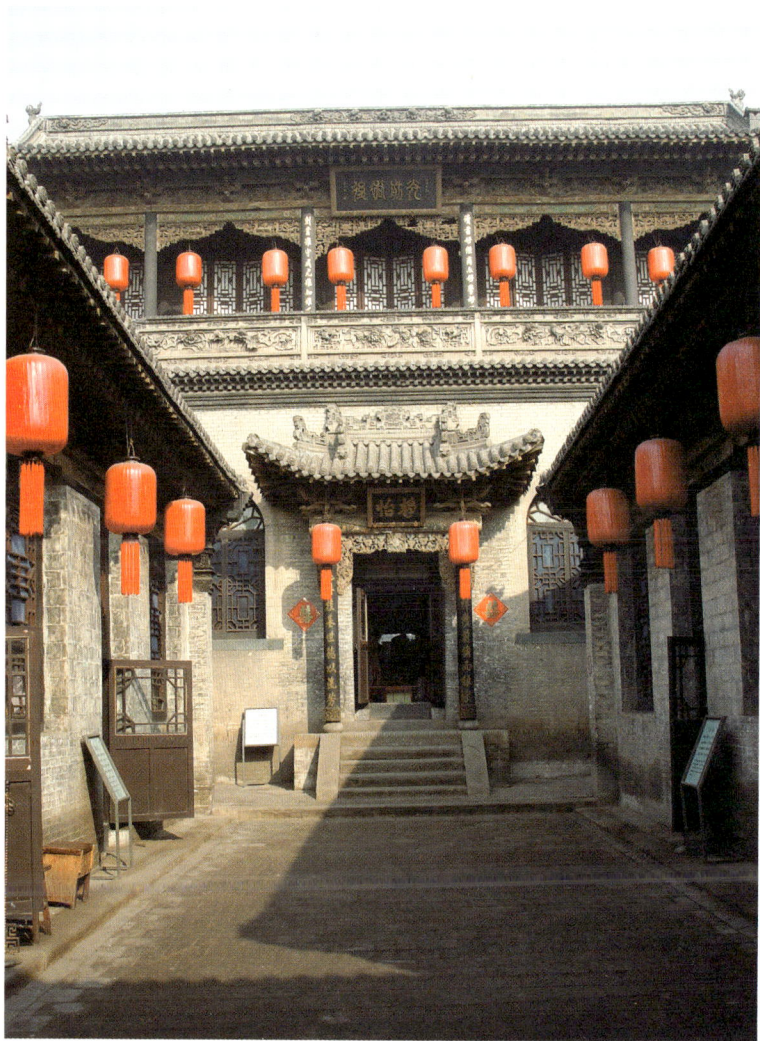

乔家大院内院

院结构各有不同，有四合院、穿心院、偏正套院、过庭院等；屋顶造型分悬山顶、歇山顶、硬山顶、卷棚顶及平屋顶；院门双翅角门、鞠栏半出檐门、硬山顶间山门、檐门、砖雕跨门等特色鲜明。其砖雕、木雕、石刻各具特色，尤为精美，连房顶上的烟囱也式样各异，绝不雷同。整个大院平面呈双"喜"字布局，周围十几米高的砖墙，上筑女儿墙，外观威严，气势宏伟，内饰华丽，是一座极具北方风格的建筑艺术精品。20世纪30年代梁思成夫妇参观后，曾惊称其为"清代民居建筑艺术的一颗明珠"。1990年的《大红灯笼高高挂》和2006年的开春大戏《乔家大院》相继取景于此，不仅掀起了旅游高潮，同时吸引了更多人关注晋商、关注山西。

渠家大院

民间有"乔家一座院，常家两条街，渠家半座城"之说。所谓"渠半城"是清代官商巨族渠氏家族的宅院，今之所存——渠家五进院为渠源潮之宅院，仅为其原有规模的1/5。渠家宅院位于祁县古城东大街路北11号，以中国民居中罕见的五进式穿堂院、石雕栏杆院、牌楼院、戏台院四大特色见称。渠家商业大兴后，修宅置院成为家族大事。自清乾隆年间始，渠家多次续建，至同治、光绪年间主体规模俨然，号称"渠半城"。最盛时有上千间房屋，十几个大院。现渠家大院分8个大院、19个小院，房屋240间，占地面积5317平方米。整个院落呈东西一轴线、南北两条轴线排列，院落之间以牌楼、过厅相隔，形成院套院、门连门的格局。各院中堂、厅、阁、楼错落有致，布局合理。各院子里匾额、楹联、砖雕、石刻遍布，有着浓厚的儒商文化气息。渠家大院中还有一座面阔五间的戏台院，东西两侧设有包厢看台，在同类建筑中较为罕见。目前渠家大院已开辟为山西省晋商文化博物馆。

渠家大院五进院

常家庄园

榆次常家庄园是外贸世家常家的园林式宅院。宅院融南北建筑风格于一体，显示着独特的文化品位，蕴涵着丰富的文化信息，不仅是民居建筑的典范，也是明清晋商财可倾国的体现。常家庄园是由建于明嘉靖年间的普通民居扩建而成。从乾隆三十七年（1772）起，"北常"始祖常万达开始大规模地置地建房、大兴土木。至清末，经过100多年的扩充修建，常家庄园成为一片占地面积达200余亩的园林式宅院，包括花园在内，分门别院的宅院共80余所，房屋1500余间，园林7处。民间有"乔家一个院，常家两条街"之说。常家庄园为典型的北方庭院式风格，19个大院无论二进、三进还是四进，均为结构稍异的四合院组合。所有建筑均坐北朝南，临街一字排开，无论哪种结构，都有严格的上、下、偏、正之分，体现出森严的等级制度和儒家风格。同时，常家庄园还是北方少有的宅园合一式民居，百亩园林占到庄园总面积的2/3，堪称北方最大的私家园林。且园林完全置于宅院群之后，与南方宅园相间的建筑相比，呈现出迥异风格。常家庄园引人注目的地方不止一处，如：拥有中国现存民居中规模最大、结构最完整的祠堂——常家祠堂。碑廊中的听雨楼法帖和石芸轩法帖乃中国书法艺术的稀世珍品。各处建筑物上砖雕、石雕、木雕数以万计，艺术价值极高。

常家庄园

三多堂

三多堂位于号称"金太谷"的北村，是太谷巨商曹氏家族居住的宅院之一。曹家因商致富后，从清中叶至咸丰年间开始在北村和太谷县城不断建宅置院，到光绪初年全面建成。曹氏在北村有楼宅7座，分"福"、"禄"、"寿"、"喜"4个内宅大院。由于历

三多堂

史原因，曹家大院建筑大多或被拆毁，或为他用，目前仅有"寿"字院三多堂保护较好。三多堂为五门内宅，取"多子、多福、多寿"之意，故名"三多"，并一直沿用下来。三多堂始建于明代，清中期始成整体规模，大部分建筑在保留明代的古朴、厚重、简洁风格的同时，还具有高、墙厚、庭院宽敞的特点。三多堂整体建筑坐北

三多堂内院

朝南，从西往东并排 3 个穿堂大院，依次为多子院、多福院、多寿院，各院中还有倒座楼、前院、过厅、后院、偏院等建筑，共有 15 个小院、288 间房屋，占地面积达 10638 平方米。作为明清时期建筑，三多堂建筑按照轴线贯通、左右对称、内外有别而排列，体现男尊女卑、主贵奴贱的传统秩序。此外，三多堂两座 5 间 8 架的过厅和 5 间 9 架的厅堂，因逾制而珍贵。在三多堂博物馆中，古朴的明清家具、"华北第一枝笔"赵铁山的书法作品、精美的明清瓷器以及所藏珍宝等，无不引人注目。

王家大院

灵石的王家大院位于灵石县城东 12 公里处的历史文化名镇静

升镇，有"华夏民居第一宅"和"民间故宫"美誉，是我国古代民居建筑的典型代表。院主人王氏乃太原王氏之分支，迁于静升后成为当地有"四多"之誉的大家族，即"书生多、仕宦多、商贾多、宅院多"。王氏先祖七世以前皆以耕读传家，而后经商者渐众，或开当行，或贩京货。明末时王氏族人"居资万千"，商业渐成规模，清康熙年间，更抓住天下初定、农耕乏畜和平定宁夏兵变的两大机遇，赢利大增。随着商业的扩展，王家子弟开始着意仕途，通过捐纳和科举，入仕者渐多，最高至二品。21世王鸿渐任两淮盐运使后，王家商业重点转向盐业，因太平天国运动损失惨重。到同治、光绪年间，王家商业除21世王饮让一支外全面衰落。与王家商业发达同步，王家土木营建工程从明末至清末屡有增建，尤其是清康熙、

王家大院

王家大院门楼

乾隆、嘉庆年间，工程浩大。经过前后300余年的营建，王氏宗族形成数百处之多的大小院落，建筑总面积达到15万平方米的庞大院落群体，主要建筑群——视履堡、恒贞堡、祠堂、孝义祠、当铺院、戏台等建筑面积就达4.5万平方米。各个建筑群，包括堡、巷、院、祠堂等，各成体系，散布于静升村各处。其中的东堡院和西堡院各自独立，仅以一桥相连、依山就势、层楼叠院，形成了错落有致的黄土高原式豪宅风景。因王家官商并重，所居院落依官级呈现二进或四进的等级秩序。王家院落住宅布局或前堂后室，或前园后宅，体现出南北宅院文化的融合。目前王家大院被列为省级重点文物保护单位，经过修复开放，有3万多平方米，可供观览。

柳氏民居

位于沁水历山舜王坪自然风景区腹地的柳氏民居系我国唐代著名政治家、文学家柳宗元后裔于明清时所建的一处集南北建筑风格于一体的明清城堡式庄园建筑。现存完整民居院落7座，残院12座，但原址保存尚好。庭院建筑形制大致相同，皆为四合院式，院门偏于一角。宅第的大门均有牌楼装饰，有石狮石鼓相镇。院内四方均为二层楼阁式建筑，其中北房为高阶台，宽走廊，每院四角又另有

沁水柳氏民居中宪第

一小院，房屋 4 间，为明清典型的四大八小式建筑风格。柳氏民居藏有历代名人书画碑 40 余通，特别是南宋著名理学家朱熹、明代书画家文徵明、明代哲学家王阳明的书法碑刻，具有极高的欣赏价值和史料价值。而唐代"画圣"吴道子三通画碑，世之罕见，堪称"国宝"。

李家大院

位于运城万荣县阎景村的运城李家大院是一处中西合璧的民居宅院群落。李家大院的"藏书楼"是典型的欧洲"哥特式"建筑。门楼外形的整体轮廓高、直、尖，线条轻快，造型挺秀，而它表面

李家大院

的砖雕图案却是典型的晋南民间艺术，呈现出中西文化交流融合的
艺术特点。

丁村民居

　　位于襄汾县城南 4 公里处的丁村民居系明清聚族而居的丁姓族
人所建，是中国北方地区现存规模较大、保存较为完整的明清民居
建筑群。现存明清两代院落 20 余处，有 39 座民房庭院、280 多间
房舍，大体分为北（明末）、中（清初）、南（清末）三处建筑群。多
数院落坐北朝南，以四合院为主体格局，有单进、二进之分。

丁村民居

　　这些风格各异的晋商宅院，不仅是商人家族经济实力的展示，也是当地民间审美建筑文化的集中反映。其异化出的精美个性，尤其是带着强烈欧洲色彩的建筑元素，反映了晋商追新求异的审美文化和商业支撑的财富实力。

异地家园、晋商遗珍——晋商会馆

会馆最早出现于明初，是客居异地的乡人联络、聚会的场所。当时，晋商抓住机遇率先而富，至明中期以后，山西"素好经商"

苏州全晋会馆

渐成风气，许多府、州、县从商人数日增，流寓、贸迁异地的同乡商人自发组织起来构筑馆舍，成立专门的同乡商人会馆，提供同乡联络、交流的机会和场所。山西商人在异地建立会馆最早约在明中后期，但会馆数量少，影响及规模也不大。这一时期的商人会馆主要由一府、一县的各业或某一行业的商人兴建，如：北京的颜料会馆由平遥颜料商建；临襄会馆由临汾、襄陵商人共建，最初称山右会馆；临汾东馆由临汾各业商人共建；潞安会馆由潞安的铜、锡、炭商人共建。

入清以后，随着晋商势力更盛、活动空间更广，晋商会馆也有了新的发展，不仅表现在数量的快速增加上，也体现在会馆的内部构成上。这一时期，在全国重要商埠集镇，晋商均建有会馆。据不完全统计，晋商在京师共设立会馆有40处之多，此外在天津、山东、上海、江苏、湖北、浙江杭州、河南、广东、湖南、广西南宁、青海西宁、新疆巴里坤、安徽、吉林、沈阳、重庆、四川、福建福州、内蒙古多伦诺尔等地均设有晋商会馆，几乎遍布全国各大行省及重要商埠。这些会馆既有行业会馆，也有同乡会馆。与明代相比，这些会馆的同乡圈子有了明显扩大，不再限于一府、一县。如北京的三晋会馆、山西会馆等。更引人注目的是，超出本省范围的省际商人会馆数量也大大增加，如为数不少的山陕会馆的兴建。这表明山西商人在异地商业竞争中，已经突破了狭隘的乡土观念，开始与业务相关的更多商人联合，在更大范围内进行商业互助合作。

会馆提供了商帮商业利益维系的重要场所。随着晋商会馆的规模扩大、会员增多，在管理上也逐渐走上正轨，甚至形成一套较严格的管理办法。其管理通常由一些资深望重或实力雄厚的商人担任会首，负责会馆事宜。作为商人的自治机构，会馆不仅给来往的同乡商人提供住宿、贮存货物、祭祀酬神、议事、宴乐、交易等事务处理之便，同时以维护商人的整体利益为首要原则，并制定有较为严格的规章制度，要求会员必须以大局为重，共同遵守。通过对本会馆商人的约束、监督和协调，会馆有效地维护了晋商的整体形象和对外的一致性，同时在维护同帮商人利益、与外在势力抗争时发挥过重大作用。对于异地从商的商人而言，会馆既是其互助、互帮之所，也是其寄托乡情的精神家园，更是危困时的救命财神，实际上就相当于他们在异地的家。

现存晋商会馆

比例尺 1:42 000 000

北京地区山西会馆

山西会馆(3座)、晋冀会馆、三晋会馆(2座)、晋太会馆、晋冀会馆、山西会馆

北京地区山西各地会馆

各地会馆23座：平阳会馆、临汾会馆、河东会馆、太原会馆、忻定会馆、平介会馆、介休会馆、平定会馆、浮山会馆、绛县会馆、闻喜会馆、曲沃会馆、太平会馆、襄陵会馆、解梁会馆、灵石会馆、永济会馆、汾阳会馆、盂县会馆、代州会馆、洪洞会馆、赵城会馆、冀城会馆

图例
- 首都
- 省级行政中心
- 省级界
- 晋商会馆

编 后 语

BIANHOUYU

　　《山西八大文化品牌》一书是山西人民出版社 2011 年出版的一部关于山西文化品牌建设的研究性著述，具有很高的学术文化价值。该书出版后，深受各界好评。现在，应广大读者的要求，我们将山西八大文化品牌分册出版，以便阅读使用。

　　这套丛书是一项集体成果，为了较全面、准确地勾勒出八大文化品牌的内涵和外延，各分册均牢牢把握住"品牌定位"、"品牌内涵"、"品牌亮点"等三个基本内容进行探讨和论述，力求使全套书成为一个有机的整体。

　　在编著这套丛书的过程中，我们得到了山西省委宣传部和山西人民出版社的指导和支持。山西省委常委、省委宣传部部长胡苏平非常重视丛书的编写，提出明确的要求，并为丛书作序；山西省作家协会党组书记、主席（时任山西省委宣传部副部长）杜学文对丛书提出具体的指导意见，并进行了审定；省委宣传部副部长刘英魁对丛书出版给予了大力指导和支持；省委宣传部计协秘书处处长武献民在探讨各分册理论问题方面倾注了心血，审阅了全部书稿。对此，我们表示诚挚的感谢！

　　为编写这套丛书，我们邀集了一些领导和专家多次研讨，集思广益，力求不负众望，写出水平。但是，由于八大文化品牌此前的理论基础薄弱，写作多为原创，难度很大，虽经大家相互切磋，苦心研究，丛书仍然会存在遗漏、浅薄甚至谬误之处。我们希望丛书能够得到领导、专家以及读者的批评和指正，使山西八大文化品牌的理论研讨向纵深发展，并在实践活动中取得良好的社会效益和经济效益。

图书在版编目（CIP）数据

晋商家园／宋丽莉著.—太原：山西人民出版社，2016.1
（山西八大文化品牌丛书）
ISBN 978-7-203-09353-4

Ⅰ.①晋… Ⅱ.①宋… Ⅲ.①晋商—研究 Ⅳ.①F729

中国版本图书馆 CIP 数据核字（2015）第 263854 号

晋商家园

著　　者：宋丽莉
责任编辑：魏　红
装帧设计：谢　成

出 版 者：山西出版传媒集团·山西人民出版社
地　　址：太原市建设南路 21 号
邮　　编：030012
发行营销：0351-4922220　4955996　4956039　4922127（传真）
天猫官网：http://sxrmcbs.tmall.com　电话：0351-4922159
E—mail：sxskcb@163.com　发行部
　　　　　sxskcb@126.com　总编室
网　　址：www.sxskcb.com

经 销 者：山西出版传媒集团·山西人民出版社
承 印 者：山西出版传媒集团·山西新华印业有限公司

开　　本：787mm×1092mm　　1/16
印　　张：7.75
字　　数：83 千字
印　　数：1-2 000 册
版　　次：2016 年 1 月　第 1 版
印　　次：2016 年 1 月　第 1 次印刷
书　　号：ISBN 978-7-203-09353-4
定　　价：45.00 元